BarBara Mariano

La separazione e la famiglia che cambia

Edisud SalErno

© Edisud Salerno 2015
Via Leopoldo Cassese, 26
Tel. 089/220899 84100
Salerno

www.edisud.it - info@edisud.it

ISBN: 978-88-98257-12-6

Luglio 2015

Dedicato con amore e affetto.......
Alla mia famiglia...........

Due sono le cose che i genitori
devono donare ai figli.....
le radici e le ali.....
(proverbio del Quebec).

INTRODUZIONE

L'argomento di questo libro, riguarda un tema di grande attualità in cui si affrontano tutte le difficoltà che un nucleo familiare disgregato, puo' venire a trovarsi. Esso è stato discusso, per la tesi finale, in psicologia, per conseguire la laurea in Scienze dell'Educazione, nell'anno accademico 2003/2004 presso la Facoltà di Scienze della Formazione dell'Università degli Studi di Salerno.

La "Separazione e la famiglia che cambia", parla di alcune modifiche della famiglia che i componenti della stessa hanno determinato, creando la trasformazione dei rapporti e il dover accettare le conseguenze; un tema che mi tocca personalmente, avendo i genitori divorziati e che è quindi un'esperienza dolorosa che si sta diffondendo sempre di più negli ultimi anni.

Molti studi, hanno compreso meglio la situazione psicologica dei membri di una famiglia che si divide ed in particolare, il figlio coinvolto dai genitori, che ne rivendicano più o meno apertamente, il possesso esclusivo.

Dopo una separazione, i genitori non finiscono di essere un punto di riferimento importante per il figlio, ma non sempre si continuano ad avere gli stessi rapporti.

Per uno sviluppo psichico, adeguato alla crescita sana di un bambino, è necessario che abbia una buona relazione con entrambi i genitori.

Continue discussioni tra i genitori, accusarsi l'un l'altro, non collaborare, creano un distacco del legame che non beneficia l'interesse del bambino.

Nei Paesi Europei, sono nate esperienze di consulenza e mediazione familiare, per coniugi che si stanno separando, o che dopo passano momenti molto difficili.

Alcune strategie d'intervento psicologico, possono aiutare i coniugi che si separano a rivalutare il proprio ruolo e quello del coniuge, nei confronti del figlio, attraverso il superamento della crisi, conseguente la rottura di un legame iniziato con prospettive diverse, che comporta anche la perdita di elementi d'identità costruiti in un percorso comune.

Nell'ambito delle innovazioni operative, per prevenire il danno al figlio, ho sviluppato il tema sull'affido congiunto, analizzando gli aspetti positivi e le problematiche, con riferimenti anche degli altri Paesi.

La Mediazione, altra strategia d'intervento, per appianare la conflittualità genitoriale, per aiutare e dare la possibilità al bambino di partecipare attivamente alla gestione degli eventi in cui è coinvolto, ma anche accettare un nuovo rapporto del genitore, quindi interagire al cambiamento.

Di conseguenza il testo si propone, ancora come stimolo per una maggiore conoscenza del problema, per una sensibilizzazione dell'opinione pubblica e per la progettazione di interventi psicosociali e giudiziari, che si propongono una prevenzione realistica del disagio del figlio, e di aiutare la famiglia che si sta disgregando, caratterizzata da una conflittualità dei genitori, che non riesce a risolversi.

Capitolo primo

LA FAMIGLIA

1. *Il piccolo nucleo sociale*

La vita umana è formata da un fondamentale nucleo sociale che è la famiglia: è una società naturale formata da un uomo e una donna che si uniscono in un rapporto spontaneo basato di sentimenti affettivi.

Dalla loro unione nascono i figli, che compiono i primi passi della vita in questa piccola formazione sociale che rappresenta un porto di partenza da cui salpare per iniziare il lungo viaggio della vita, all'interno della società: "questa è stata, in tutti i tempi e presso tutti i popoli, l'unità base d'ogni organizzazione sociale".

2. *Storia della famiglia*

La famiglia nel corso del tempo ha subito grandi cambiamenti per trasformazioni tecnologiche, economiche e demografiche della società; contemporaneamente a cambiamenti d'atteggiamenti e valori della società.

"Nelle lontane epoche della preistoria (ma ancora oggi presso qualche gruppo di popoli primitivi) un intero gruppo di famiglie consanguinee, perché discendenti da uno stesso capostipite, si considerava una famiglia, o clan, (parola che deriva dall'Irlanda e dalla Scozia) *clann*: la figura del capostipite finì per trasfigurarsi simbolicamente nel *totem,* in genere un animale, il cui nome fu assunto dai membri del clann". [1]

---

[1] M. Iadarola, *Educazione Civica,* Ed. Lattes, Torino, 1989, p. 31.

Il gruppo delle famiglie, avevano in comune il lavoro, la sudditanza e l'obbedienza al genitore: avevano un padre supremo, detto *PATRIARCA*, al quale tutti dovevano sottomissione e rispetto assoluto e dopo la sua morte era sostituito dal primogenito.

Vari clann, formavano la tribù, un'unità sociale legata da vincoli di parentela, da riti, da cerimonie con significati magici, da amicizia, dando origine a tradizioni e a una religione comune.

La Bibbia, narra la vita di queste famiglie di patriarchi: il capo era temuto, rispettato per leggi morali, civili e religiose; egli, infatti, dettava le leggi oralmente, decideva dei matrimoni dei figli e amministrava i beni.

La comunità familiare, si sosteneva di pastorizia e dei suoi derivati, poi con l'agricoltura; infine cessò lo spostamento da una terra all'altra e costruirono delle capanne fisse al posto delle mobili tende.

Con l'aumento delle famiglie, qualcuna fu costretta a spostarsi in qualche terra vicina e pur avendo in comune la lingua, i costumi e la religione, sorsero degli interessi diversi, anche contrastanti.

Nacque quindi una nuova forma di vita associata, il popolo, regolato dalle leggi dello stato.

3. *Varie organizzazioni familiari*

La famiglia è cambiata durante l'arco dei tempi ed è organizzata in vari modi: il *MATRIARCATO*, in cui l'autorità familiare era esercitata dalla madre – moglie, che aveva più mariti; oggi il matriarcato esiste ancora in Oceania, mentre in alcuni popoli dell'Asia, la donna invece vive in uno stato d'inferiorità rispetto ai mariti.

Fin dall'antichità, in Oriente, esiste anche la *POLIGINIA*, in cui un uomo può avere più mogli e ciò avviene soprattutto per motivi economici.

La famiglia è molto numerosa e i figli sono guidati per l'educazione dalla madre, nel matriarcato e dal padre per la poliginia, sottoposti soprattutto i maschi di quattordici anni, a riti e cerimonie, prove talvolta anche dolorose o di coraggio.

"Anche nell'antica Roma, dove il pater familias occupava una posizione di potere assoluto che comprendeva addirittura il diritto di vita e di morte sulla moglie e sui figli, i giovani entravano nell'età adulta a sedici anni quando indossavano la toga virile bianca e abbandonavano la praetexta, quella orlata di rosso". [2]

La donna italiana era la regina della casa, onorata come madre ed educatrice dei figli, rispetto a quella greca che viveva in uno stato d'inferiorità; non partecipava a banchetti e poteva occuparsi dell'educazione dei figli solo quando erano bambini.

Sia in Italia sia in Grecia, le donne erano escluse dal voto e non avevano alcuna decisione del patrimonio familiare, questo evidenzia l'inferiorità della donna verso l'uomo, che invece poteva ripudiarla e disporre dei beni come gli piaceva.

Tra i cambiamenti radicali della società ricordiamo il legame matrimoniale: la monogamia, l'unione tra un uomo e la donna, ed è il tipo di matrimonio più diffuso nel mondo.

In passato era determinato da motivi economici, da tradizioni religiose e familiari, formulato come un contratto; oggi invece le leggi dello Stato ne regolano la forma e il contenuto e l'elemento fondamentale è il desiderio naturale di amarsi reciprocamente, vivere insieme, educare e mantenere i figli. "Il matrimonio in Italia può essere celebrato in tre modi differenti: *secondo il rito cattolico*, che produce anche effetti civili in base alle norme del Concordato del 1929.

Il matrimonio cattolico o concordatario è considerato indissolubile e si scioglie pertanto solo con la morte di uno dei coniugi; in base al Concordato del 1929 tra lo stato italiano e la *Chiesa Cattolica*, i fedeli possono ricorrere ai Tribunali ecclesiastici per ottenere l'annullamento del vincolo matrimoniale, secondo le norme fissate dalla Chiesa: tale sentenza ha effetti religiosi e civili; *secondo il rito relativo* ad un altro culto, tra quelli ammessi dalla legge italiana; *secondo il rito civile*, nel Comune di residenza della sposa dinanzi al Sindaco: è necessario aver compiuto il 18° anno d'età, salvo una diversa autorizzazione del Tribunale; produce soltanto effetti civili.

Dallo Stato italiano è ammessa la separazione personale dei coniugi, che non annulla il vincolo del matrimonio, ma produce effetti giuridici limitati, come la cessazione della convivenza.

Dal 1970 in Italia il vincolo matrimoniale può essere sciolto con una regolare sentenza di divorzio (istituito e confermato nel 1974 con

---

[2] *Ibidem*, p. 32.

un referendum popolare) che, a differenza della separazione, permette ad entrambi i coniugi di contrarre un nuovo matrimonio con il rito civile.

Con il divorzio cessano gli effetti civili del matrimonio concordatario, ma per la Chiesa cattolica il matrimonio rimane valido"[3].

4. *Famiglia nucleare e famiglia estesa*

Nella nostra epoca, il tipo predominante della società occidentale, è la *"famiglia nucleare"*, composta da padre, madre e figli.

La famiglia nucleare è una creazione moderna, nata dalla rivoluzione industriale e rappresenta un tipo sociale con valori diversi dalle altre famiglie del passato.

Importante per la società è la vita associata, perciò la famiglia non è in crisi, ma decade la famiglia estesa patriarcale, caratterizzata dal patriarca, che tutti rispettavano e obbedivano, dalle mogli ai figli, per creare a una nuova e diversa famiglia.

I bambini erano allevati insieme alle altre donne della comunità, imparando l'educazione civile e religiosa, la cultura in generale e nel frattempo avevano anche delle piccole responsabilità, come badare alle galline, alle colombe, agli agnelli o anche alle caprette. Solo le famiglie più ricche avevano un maestro privato; il patrimonio ereditario era il risultato di sforzo e risparmio, poiché la base economica prioritaria, era quell'agricola, soprattutto i maschi lavoravano la terra, la coltivavano, imparando il mestiere del padre e continuando a lavorare con lui, senza allontanarsi da casa, neppure dopo sposati.

"Le relazioni sociali in questa comunità rurale – artigiana, erano tra i compaesani e i parenti, discriminando l'estraneo o il forestiero: i rapporti con il mondo esterno erano perciò molto ridotti". [4]

Gli effetti dell'industrializzazione e dell'urbanizzazione, hanno portato notevoli cambiamenti, sia radicali sia comportamentali; richiedevano l'aiuto della manodopera e i giovani che lasciavano casa per lavorare in fabbrica, si allontanavano dalla comunità per essere

---

[3] *Ibidem*, p. 34.
[4] Saraceno – Naldini, *Sociologia della famiglia,* Il mulino, Bologna 2001, p. 54.

indipendenti e per formare la coppia in libera scelta, senza l'obbedienza passiva dei genitori.

Si è dissolta così la vecchia famiglia estesa, per creare, grazie alla società industriale e urbana del xx secolo, alla famiglia nucleare coniugale, un nucleo piccolo, autonomo e breve che si sia mai sviluppato.

5. La famiglia italiana

In Italia oggi identifichiamo la famiglia nucleare coniugale, composta dai due genitori, da pochi figli e a volte da uomini.

È decaduta la figura patriarcale, infatti questa nuovo tipo di famiglia è caratterizzato da una serie di leggi che tutelano ogni elemento nella sua stessa famiglia.

"I ruoli genitoriali, sono cambiati, abbiamo infatti una donna più forte che fa valere i suoi diritti e doveri, dividendo con l'uomo, le responsabilità del governo della famiglia". [5]

La donna non è più casalinga o l'unica ad occuparsi dell'educazione del figlio, ma è una donna che lavora, che è occupata sul piano sociale, ed ha quindi bisogno di una collaborazione da parte del suo compagno.

Anche l'organizzazione sociale, dell'istruzione, attraverso scuole statali e private, per bambini piccoli, scuole materne, asili, ludoteche, partecipa alla crescita culturale e pedagogica della nuova generazione.

La madre – moglie, è costretta a svolgere un doppio lavoro, quello d'essere mamma e accudire i figli, compiere i doveri di casa, di moglie e anche di lavoro per contribuire anche al miglioramento economico della famiglia.

L'uomo da sempre lavora, non sempre però è disposto alla collaborazione o al mantenimento dei figli, ma per il bene della famiglia, collabora anch'esso. Talvolta anche i nonni possono aiutare se sono sani di salute, altrimenti sarebbe un ulteriore problema per l'assistenza.

La famiglia moderna, non offre molto spazio per gli anziani che invece preferisce vivere da sola, forse per lo spazio di una casa troppo piccola.

---

[5] *Ibidem*, p. 87

Il più delle volte gli anziani vivono lontano al paese, con una pensione minima che non gli consente di vivere adeguatamente, ed è un problema questo ancora molto presente, al quale lo Stato da un suo aiuto, con l'apertura di case di riposo, ospizi, che assistono queste persone.

Alcuni disagi psichici, come preoccupazione, stanchezza, discordie, indifferenze, problemi economici, possono aumentare i litigi nella coppia per cui, aumenta anche costantemente il tasso di separazioni e divorzi, che sanciscono il fallimento di parecchi nuclei familiari.

Sono i figli a subire la mancanza dei genitori che si occupano solo di lavoro, lasciando i figli con i giocattoli o avanti alla TV.

Questi genitori sono poco disponibili al colloquio o per stanchezza o per incapacità di istaurare un rapporto di comunicazione con i figli.

"Eppure ogni bambino ha bisogno d'adulti che si occupano di lui con la loro presenza comunicante, più che d'eccessive cure materiali".[6] Spiega un professore di Psicologia dell'età evolutiva, il dottor Ponzo, dell'Università di Roma: non serve tanto scegliere il giocattolo quanto giocare con il bambino.

Nella società di una volta il mondo degli adulti e quello dei bambini non erano così nettamente separati come nella nostra cultura.

Grandi e piccoli si divertivano con gli stessi giochi". [7]

C'è una denuncia di questo isolamento, da parte dell'ONU, l'anno 1979, "Anno internazionale del bambino", dove fu evidenziato, che tra le tante violenze inflitte al bambino, proprio quello di allontanarlo è forse la più dannosa in campo educativo.

Gli effetti si vedranno nel tempo, il bambino che diviene adolescente, può trovarsi senza un patrimonio morale.

È attraverso la comunicazione che i genitori possono trasmettere valori morali e regole al bambino, ma neanche la compagnia e il rapporto con i coetanei e la frequentazione scolastica, sono indispensabili per una crescita sana.

Ulteriori cambiamenti sono per esempio, l'allontanamento degli adolescenti dai genitori, la tendenza di vivere insieme ad altri coetanei,

---

[6] M. Iadarola, *Educazione Civica*, Ed. Lattes, 1989, Torino 1989, p. 42.

[7] Dell'Aglio, *Le sfide rivolte agli adulti nell'anno del bambino,* Tutto scuola.

per affrontare le stesse esperienze e problemi; la maggior parte delle volte sono ragazzi che studiano o lavorano.

6. Famiglie aperte: le comuni

Sembrerebbe un paradosso, ma proprio quando la famiglia nucleare coniugale perde d'attendibilità da parte dei giovani, che non le riconoscono né i suoi lati corretti né la sua validità all'interno della società occidentale, essa è largamente adottata nella sua struttura nelle società ove in precedenza non esisteva.

In quest'ultimo decennio, i giovani hanno tentato molti esperimenti diretti ad allargare e a modificare il carattere di quest'unità basilare della vita privata.

Una delle forme estreme, nell'ambito dei movimenti giovanili, è stata quella dei collettivi familiari, degli hippies, la cui azione di protesta contro la società borghese è nata verso il 1968 e si è in sostanza esaurita in pochi anni, perché si è allontanata dall'originaria ricerca di vivere, in nome del pacifismo, in modo nuovo e completo l'amicizia e l'amore, di improntare le relazioni umane alla sincerità e alla spontaneità, scadendo nella superficialità, nel disimpegno politico, nello sterile velleitarismo.

In ogni modo il fenomeno dei collettivi familiari, o delle comuni, si è sviluppato rapidamente in America e ha avuto una certa diffusione anche nel nord e nell'occidente dell'Europa: le comuni rappresentano il tentativo di superare l'individualismo egoista della famiglia nucleare della società opulenta e di creare una nuova versione del clan tradizionale o dell'unità parentale estesa.

Un certo numero di giovani, e anche d'adulti, abitano insieme e gestiscono insieme l'andamento della casa, abolendo i classici ruoli maschili e femminili: tutti si considerano di pari condizione e i bambini, sia che siano nati dal gruppo o che vi siano stati portati dall'esterno, sono considerati figli di tutti.

L'organizzazione economica è comunitaria, mentre la proprietà privata non è presa neppure in considerazione.

Esistono nel contempo altre forme più moderate di questo fenomeno: alcune coppie sposate si sono sistemate insieme, oppure in case vicine, per favorire la collaborazione economica, per sperimentare in comune l'educazione dei figli e i rapporti sociali.

Il fine di questi tentativi è di saldare i lati giusti dell'antica famiglia estesa, alla concezione individualistica e privata della moderna famiglia nucleare.

"Il movimento dei kibbutzim nell'Istraele moderno ha anticipato quello delle comuni hippies: il kibbutz è un insediamento agricolo comunitario dei primi tempi dell'occupazione ebraica della Palestina, creato per sperimentare una forma di società nuova e più perfetta". [8]

Oggi in varie zone d'Istraele esistono molti tipi diversi di kibbutz : non è stato abolito il matrimonio tra i membri, che vivono in separate unità domestiche, ma si è curata essenzialmente l'educazione collettiva dei bambini che vivono insieme nell'apposita *casa dei bambini*.

Per quanto l'assetto familiare del kibbutz sia rimasto un fenomeno minoritario nella comunità ebraica della Palestina, e più tardi nello Stato indipendente d'Istraele, i risultati dei metodi educativi dei bambini sono stati molto positivi perché oggi, da adulti, sono meno nevrotici e meno individualistici dei bambini allevati nelle famiglie cosiddette normali.

7. *Evoluzione e progresso civile*

Insieme alla rivoluzione industriale, anche la rivoluzione demografica, ha modificato i nostri tempi, grazie anche all'avanzata tecnologica medica.

I progetti in campo medico, hanno portato ad un aumento della durata della vita di tutti e ad una riduzione della mortalità infantile; secondo le statistiche in Svezia e nei Paesi Bassi è molto bassa, ma ancora elevata in Asia, Africa e America e mentre la durata della vita sembra crescere dappertutto, aumenta la mortalità nei paesi più poveri.

Contemporaneamente si è registrato anche un calo delle nascite, segnalato da demografici del 1700 in Francia e in America nel 1800; i motivi di tale diminuzione, sono legati a ragioni economiche, per esempio in passato nella famiglia patriarcale, anche i bambini partecipavano al mantenimento familiare, con l'agricoltura,

---

[8] Saraceno – Naldini, *Sociologia della famiglia,* Il mulino Bologna 2001, p. 54.

l'artigianato, il bottegaio, mentre nella famiglia moderna il bambino è passivo, partecipando solo ai costi di consumo.

Ma il principale cambiamento demografico, è che nella società d'oggi, le famiglie hanno un numero ridotto di figli e al tempo stesso maggiori possibilità di vivere a lungo, grazie alla tecnologia medica.

"Negli Stati Uniti, per esempio, tra il 1910 e il 1969 la mortalità infantile è diminuita di almeno cinque volte e il tasso delle nascite è calato quasi della metà; in Italia, tra il 1910 e il 1961, la mortalità infantile è diminuita di sei volte, mentre si è dimezzato il tasso di natalità.

Nel maggio del 1978 è nata in Italia la legge sull'aborto, che regola in altre parole l'interruzione volontaria della gravidanza: è ancora presto per affermare che questa legge abbia influito sui ritmi normali della natalità poiché le statistiche ci affermano che il calo è incominciato dal 1971".[9]

Gli esperti di demografia spiegano, che la società è cambiata, da una società che non aveva controllo sulle nascite ad una che invece controlla sempre di più la propria fecondità, ma i motivi sono anche quelli economici e fattori culturali, che sono alla base di un concepimento responsabile.

Il benessere economico, migliori occupazioni, la nascita e il cambiamento urbano, danno origine a modificare la condizione personale e la struttura familiare.

Progresso civile per una superiore istruzione di massa, per la diffusione nazionale dei moderni mezzi di comunicazione, partecipando al continuo sviluppo democratico della società nazionale.

La famiglia estesa è superata per esigenze diverse, nuove, se essa provvedeva ai beni materiali, a educare la prole, ad esercitare il controllo e la guida, oggi è superata da un'organizzazione sociale e da uno sviluppo economico migliore, portando il cambiamento familiare ad adeguarsi alle nuove strutture sociali.

---

[9] M. Iadarola – *Educazione civica,* Ed. Lattes, Torino, 1989, p. 45 - 47.

Nuove esigenze

La famiglia attuale è divenuta ristretta, piccola per esigenze personali dei genitori e dei figli. Le difficoltà sono dovute per un'adeguata educazione della prole, per l'aumento dei costi; per garantire un'educazione qualificata ai figli per il loro futuro, i genitori preferiscono metterne al mondo pochi, uno o due al massimo, assicurando un sicuro benessere richiesto dalla società.

Anche i genitori preferiscono vivere sereni, con una famiglia piccola, soddisfacendo i propri bisogni, con una vita appagata da ricchezza e benessere, al posto di ristrettezze e responsabilità superiori, che avrebbero una famiglia numerosa.

Donna e famiglia

Altro motivo del cambiamento familiare, ovvero delle sue ristrettezze, sono dovute anche alla nuova condizione della donna nel contesto sociale.

Oltre al lavoro extra – domestico, la donna si occupa anche dell'allevamento della prole, della casa, avendo poco tempo da dedicare, in passato invece le sue attenzioni erano tutte sulla cura dei figli.

In questa nuova realtà, c'è una maternità consapevole e programmata in relazione alle nuove esigenze della donna e insieme della famiglia.

"Sono soprattutto le nuove generazioni, che non vogliono occuparsi solo di fare le mogli o le madri, ma vogliono un lavoro extra – domestico e anche se non l'avessero, vogliono una vita libera, diversa, frivola, non racchiusa solo nell'ambito familiare". [10]

8. Nuovi rapporti familiari

"Il processo d'accelerato rinnovamento della dimensione tradizionale della famiglia ha determinato una radicale modificazione dei rapporti interni tra i coniugi come tra genitori e figli.

La struttura piramidale della vecchia gerarchia segnata dall'età e dal sesso è venuta frantumandosi, sostituita da una trama di rapporti non

---

[10] Piergiorgio Valentino, *Un'altra società,* Napoli, Ed. Ferraro, p. 63 - 64.

più autoritari, ma improntati ad un rispetto maggiore della personalità come della libertà di ciascuno dei membri, indipendentemente dal fatto d'essere uomini o donne, adulti o minori". [11]

Marito e moglie

La crescita civile, ha modificato anche il comportamento della donna, che ha acquisito cultura, riducendo il predominio maschile.

Un livello culturale più alto, esigenze ed esperienze di vita, un'occupazione lavorativa extra – domestica, la capacità di decisione, di divertirsi e d'essere liberi, tanto quanto gli uomini.

Il modificarsi dei valori, dei principi, delle esigenze sociali, sia nelle istituzioni pubbliche che nelle strutture giuridiche, ha ridimensionato il potere antico del maschio – padrone, consentendo alle donne di rivendicare il legittimo diritto di una presenza non più emarginata nel contesto familiare, ma attiva in un ambito sociale più vasto.

La donna non vive più sottomessa o in una condizione di sudditanza rispetto all'uomo, marito o fratello, ma ha una vita attiva, autonoma nella famiglia, a parità di diritti e doveri con il marito.

Sia l'educazione, che la procreazione dei figli, risulta da una decisione della donna, che non accetta più condizioni dell'uomo, ma ama la collaborazione in casa, la flessibilità, la crescita personale e individuale che aprono orizzonti più vasti oltre al contesto familiare.

Non è una rivoluzione, ma un cambiamento senza dubbio profondo e incisivo, che ha contribuito a rendere più vero e sostanziale il rapporto tra marito e moglie, ampliato da ragioni di convivenza formale, di quotidiane rassegnazioni e ipocrisie, ma fondato da sentimenti reali, sul rispetto reciproco, sulla collaborazione.

Genitori e figli

---

[11] *Ibidem*, p. 65.

Un mutamento è avvenuto anche nei rapporti tra figli e genitori, in virtù sia delle nuove generazioni, sia delle condizioni determinate dallo sviluppo del paese.

Gli adolescenti e i giovani d'oggi sono più consapevoli e responsabili, più colti e informati, più liberi rispetto a quelli di un tempo.

Anche per loro, come per le donne, il progresso civile di crescita, d'istruzione, economia, mass-media, l'intensificarsi di rapporti diversi, esperienze nuove, hanno contribuito a creare condizioni di vita e sviluppo ai fini di una rapida crescita umana.

Nei confronti dei figli, che manifestano una personalità e sentimenti di comportamenti già nella prima adolescenza, i genitori non potevano che stabilire un tipo di rapporto nuovo, fatto di relazioni comunicative affrontando temi attuali, problemi quotidiani trattandolo come persone mature, parlando della famiglia, della società e anche del proprio futuro.

"Cercando di istaurare un clima di fiducia, rispetto, collaborazione, comprensione nelle famiglie, tra i genitori non più chiusi in se stessi, severi e dispotici per un malinteso senso d'autorità e di ruolo familiare, ma stimolare e migliorare la comunicazione reciproca". [12]

Nuova dimensione

I rapporti tra genitori e figli, tra marito e moglie, sono sempre compresi d'amore reciproco e oltre al rispetto e all'accordo talvolta preso, è mutato notevolmente il modo d'essere padre, madre o figlio.

Da sempre il comportamento autoritario regolava i comportamenti familiari, come il modo migliore per il bene di tutti e per farsi rispettare dalla prole, ma altri valori, altri comportamenti, finalizzati agli stessi obiettivi, rendono più umana, confortante e serena la vita familiare.

Una nuova dimensione di modi di fare, principi e valori, rapporti umani, sentimenti e comportamenti, si registrano come mutamento nella realtà sociale e il diffondersi consolidando e promovendo

---

[12] *Ibidem*, p. 67.

l'ulteriore sviluppo, segna il progresso che si determina nella comunità umana, costruendo tappe successive dell'evoluzione storica.

Nuove generazioni e matrimonio

Negli anni cinquanta e sessanta, ci fu una percentuale molto alta di matrimoni sul totale della popolazione, insieme ad una formazione diversa della famiglia, ad uno sviluppo economico della società e alla tendenza delle nuove generazioni a contrarre il matrimonio in età giovane.

Con problemi economici e la conseguente disoccupazione, è calato anche il numero dei matrimoni celebrati ogni anno, contribuendo ad innalzare l'età degli sposi.

Infatti, gli uomini si sposano dopo i ventisette anni e le donne dopo i ventiquattro, evidenziando la necessità principale di trovare prima un lavoro, o finire gli studi superiori e universitari, per sistemarsi con un impiego gratificante che possa dare l'indipendenza dalla famiglia e scegliere di sposarsi.

Il calo della nuzialità, sceso di oltre il 20 % non è determinato solo da problemi economici, dalla mancanza di un lavoro o di studi prolungati, ma anche da tendenze e atteggiamenti diversi, che le nuove generazioni manifestano nei confronti del matrimonio.

"Anche se molti giovani si sposano precocemente, e la percentuale delle separazioni e dei divorzi sono maggiore tra le coppie d'età più bassa, le nuove generazioni tendono in realtà a valutare con maggiore consapevolezza i tempi e le condizioni di un passo così importante e decisivo come il matrimonio.

Un lavoro stabile, un sicuro retroterra economico, una conoscenza approfondita del futuro coniuge sono ritenute condizioni essenziali per un matrimonio che non si risolva nella semplice unione di due persone, ma consenta un rapporto solido e duraturo fondato su sentimenti effettivi quanto sperimentati". [13]

Oggi i giovani, vogliono un vincolo familiare che possa appagare le loro esigenze, personali, come affetto, comprensione, stima, costruito

---

[13] *Ibidem*, p. 70-71.

anche con una solidità economica e non formale o di convenienza d'interessi, come avveniva in passato.

Per tali problematiche i giovani tendono a rimandare il matrimonio, sia per la paura di dover affrontare un legame duraturo e stabile, sia per la facilità di separazione o divorzio che sarebbe da superare se ci fosse insoddisfazione, o cattivo comportamento da parte anche di un solo coniuge.

La separazione, ormai non è più uno scandalo, è un processo normale nella realtà sociale del nostro paese, che avviene se non si vuol più mantenere unito un vincolo matrimoniale sano, un rapporto fondato di valori e sentimenti che univano l'unione.

Proprio per questi motivi, i giovani onde evitare ipocrisie o convivenze quotidiane formali, quale potrebbe divenire il matrimonio, preferiscono essere liberi il più allungo possibile, evidenziando riflessione e non leggerezza.

Nord e Sud

Le regioni settentrionali, mostrano secondo le statistiche dei modelli che si avvicinano molto ai Paesi Europei: famiglia molto ristretta con padre, madre e un figlio, famiglie con un solo genitore a causa di divorzio o di vedovanza con la convivenza dei figli, famiglie ricostruite con secondi matrimoni, famiglie d'anziani e giovani che vivono da soli.

Al Sud, invece, o per problemi economici, o per una realtà di vita con valori tradizionali, permane ancora la famiglia estesa, con molti figli, almeno due e con una percentuale minore di divorzi e separazioni.

Le donne

In una società che guarda ancora con sospetto le donne indipendenti, le donne che sono divorziate, anche se non per colpa loro, giovani adulte che siano, rischiano di restare da sole.

Come se fossero considerate persone da scartare, perché non hanno più un marito, perché hanno dovuto affrontare tale situazione, perché non hanno più un uomo vicino.

"Come se averlo significasse aver acquistato dignità umana e civile, e perderlo, invece, o non ritrovarlo, fosse un marchio d'infamia, un segno d'inferiorità".[14]

Così, anche dei pregiudizi sono rivolti alle donne nubili, che non si sono mai sposate, che come le divorziate, sono giudicate da persone che invece si sono sistemate con una famiglia, pensando che quello sia l'unico scopo della vita. Molti pregiudizi e tabù, sono caduti anche nella nostra società, come già da qualche tempo in altre più evolute, eppure allo sviluppo economico e alla crescita civile, non sempre si accompagnano atteggiamenti mentali e comportamenti pratici coerenti con i nuovi valori del nostro tempo.

I Giovani

Diversamente da qualche anno fa, i giovani d'oggi preferiscono continuare a godere, quanto più a lungo possibile i vantaggi della casa paterna invece di andarsene via per vivere da soli.

E tuttavia si fanno più pressanti le esigenze oggettive di studio o di lavoro che portano lontano da casa un numero a mano a mano più grande di giovani, che si ritrovano in tal modo ad affrontare la vita da soli, in ambienti estranei e difficili o indifferenti o chiusi.

La solitudine dei giovani è, ovviamente, ben diversa da quelle degli anziani, ma non priva comunque di sofferte difficoltà e amare tristezze, nonostante la confortante suggestione, di breve durata, però, della propria indipendenza e libertà.

Anche alle nuove generazioni, dunque il progresso impone sacrifici e prove non lievi, mettendole ben presto a confronto con la dura realtà effettiva dell'esistenza: la quale, in verità, va facendosi estremamente esigente con tutti, poiché lo sviluppo incessante non lascia quasi più a nessuno il tempo e le opportunità di godere appieno quanto resta delle gioie della famiglia, o drasticamente ridotte dalle crescenti necessità di una vita che non si sa fino a che punto sia tale.

---

[14] Saraceno, Naldini – *Sociologia della famiglia*, Ed. Il mulino Bologna 201, pp. 81 - 82.

10. *La famiglia del futuro*

Non si possono fare delle previsioni teoriche per delineare la famiglia del futuro, ma si può chiarire che essa è connessa dal processo della società, dai suoi cambiamenti e anche dall'economia.

Sarebbe un'illusione pensare ad una famiglia futura di pari e uguali, in una società in cui l'umanità non è autonoma e i diritti umani non sono ancora appieno attuati, ma solo enunciati su carta.

"Secondo un sondaggio effettuato dal CENSIS, esistono nel nostro Paese tre tipi di povertà: quella "assoluta" (di reddito, di lavoro, di casa, di salute); la "nuova povertà", legata alle privazioni che le famiglie avvertono nei confronti d'alcuni bisogni considerati essenziali, come l'ambiente esterno e l'organizzazione sociale; la povertà, infine, di tipo "post materialistico" consistente nell'insorgere di malessere sociale per una perdita d'identità o per la caduta dei rapporti interpersonali.

Limitando l'analisi al primo tipo delle tre "povertà", si può affermare con sicurezza che l'Italia è ancora un Paese "povero".

Oltre il 4% delle famiglie ha avuto nel 1983 un reddito annuo inferiore a tre milioni di lire e quasi il 20% non ha raggiunto il reddito di sei milioni di lire.

Continua a crescere il divario fra abitazioni disponibili e fabbisogno, mentre è sceso più in questi ultimi anni il numero degli alloggi ultimati.

Ciò lascia prevedere un aumento delle coabitazioni specialmente nelle aeree metropolitane definite "calde", come quelle di Roma, Milano, Torino, Napoli, Genova, dove è diventata ormai un'impresa disperata trovare un alloggio in affitto.

Anche il continuo aumento del numero degli sfratti è un problema di scottata attualità, che il Governo cerca di risolvere emanando disposizioni atte a rallentare l'esecuzione, nell'attesa che le Regioni e i Comuni portino a termine i programmi d'edilizia popolare abitativa varati con il finanziamento dello Stato".[15]

Tali considerazioni, sono la prova che esistono situazioni in Italia gravi, che possono essere prese in considerazione dallo Stato.

---

[15] M. Iadarola, *Educazione civica,* Ed. Lattes Torino 1989, p. 48.

Esistono migliaia di famiglie che non possiedono una casa adeguata, mancanza delle principali esigenze; una casa piccola e tetra, possono causare problemi ai rapporti umani che possono diventare intollerabili, infatti, gli affetti più cari possono divenire insofferenti per una vita esasperata.

L'abitazione sbagliata è il perno di una disgregazione familiare che presto diventa anche inadeguatezza sociale.

I rapporti fra i genitori, non sono gli stessi se i problemi e i giovani vivono isolati in un appartamento, o se vivono invece insieme con altra gente che possono facilmente frequentare.

Contemporaneamente, sia la posizione della donna sia il ruolo del padre, cambiano secondo le relazioni o la provenienza da classi sociali diverse.

Questi rapporti, producono la mescolanza di nuove strutture familiari, gli esempi che aiutano a crescere, a migliorare ed ad evolversi.

L'uomo deve imparare a distaccarsi dal materiale, ad essere più profondo, a vivere in una società sopportando le regole, legandosi a rapporti con gli altri più veri, diretti e profondi.

La scelta libera di un lavoro o di un domicilio implicano viaggi troppo lunghi, ma anche una casa isolata, come sulla luna, invece si potrebbe pensare a un cambiamento come il rapporto d'alloggio e attrezzature collettive. Dove ogni consumo sia organizzato insieme, in società, dallo spazio riservato al gioco dei bambini, all'utilizzo comune della lavanderia e stireria, dalla manutenzione e pulizia d'alloggi svolti da imprese specializzate, ma anche ristoranti, mense comuni per tutti.

"Ma per fare tutto questo è necessario prima di tutto che in Italia sia fatta una "politica programmata per la famiglia", un radicale rinnovamento dei servizi sociali guidati dal controllo pubblico: essi che debbono, com'è prescritto dall'Art. 31 della Costituzione, agevolare, integrare e dare stabilità e sicurezza al nucleo familiare. Consideriamo qual è realmente la situazione in cui versa l'Italia". [16]

La povertà delle famiglie dipende da un salario insufficiente per la svalutazione in atto della moneta, dalla disoccupazione sia adulta sia

---

[16] *Ibidem*, p. 49.

giovanile; il lavoro nero è una realtà triste ma accettata; molti giovani, privi di mezzi economici ma dotati d'intelligenza e buona volontà, si trovano nell'impossibilità di realizzare la loro giusta aspirazione di continuare gli studi superiori.

L'assistenza previdenziale e l'organizzazione sanitaria sono inadeguate e funzionano male per tutti gli intralci d'ordine burocratico: chi ne fa le spese sono i più deboli socialmente, in altre parole gli anziani, i non abbienti, i bambini sub-normali, non i ricchi che si possono avvalere di lussuose cliniche private e di medici di fama internazionale.

La scuola è ormai in crisi perenne: soltanto la buona volontà, l'iniziativa personale e lo spirito di sacrificio dei suoi docenti riescono a instaurare dei rapporti con le famiglie, e ad integrarne l'opera educativa; inoltre sono gravemente deficitarie le strutture per l'assistenza dei bimbi in età prescolare.

Nelle grandi città sono insufficienti i centri sociali e sportivi per permettere ai giovani, la formazione della propria personalità psichica e fisica; non esiste una politica di programmazione economica che tenti di risolvere il problema nazionale dello sviluppo del mezzogiorno, che argini la mobilità sociale derivante dall'emigrazione e che riduca lo squilibrio tra zone ricche e zone sottosviluppate.

In attesa che si realizzi la *"politica della famiglia"*, essa deve lasciare la sua funzione protettiva e il suo aspetto d'istituto disciplinare proteggendo i suoi membri da un mondo ostile, altrimenti non ci sarà emancipazione della totalità sociale.

La famiglia rifugio, in cui l'individuo separa la propria vita privata da quella pubblica, deve cedere il passo alla famiglia aperta alla partecipazione di tutti i suoi membri alla vita sociale.

È necessario dunque che la famiglia riscopra la dimensione sociale, superando egoismo e pregiudizi, per instaurare un rapporto valido con la società, impegnandosi responsabilmente nelle comunità (scuola, fabbrica, quartiere….).

Capitolo secondo

LA SEPARAZIONE DEI GENITORI

1. *Il divorzio*

"La separazione, rappresenta una problematica di cambiamento attuale della famiglia, nella nostra società, essa è un fenomeno che si manifesta in modo meno frequente in Italia, rispetto ad altri paesi Europei, ma è una realtà che esiste oggi, in diverse famiglie.

Attraverso mass-media, film e vari spettacoli televisivi, o anche giornali, noi assistiamo in continuazione ad eventi di separazione e di divorzio, quasi come se fosse un evento normale della vita di tutti i giorni". [17]

Per quanto molti ricercatori, pensino che il divorzio sia un trauma o un evento normale che può verificarsi in una vita familiare, rappresenta comunque un evento di dolore e d'angoscia per una persona, e soprattutto una rottura, di relazione coniugale, ma anche successive conseguenze di relazioni familiari.

In una situazione di deterioramento progressivo del rapporto coniugale, la separazione è vista a volte da uno dei coniugi, o da ambedue, come la migliore soluzione per recuperare possibilità ormai considerate perdute d'auto realizzazione e di gratificazione, e crescita in diversi e anche nuovi rapporti interpersonali.

Questo sia nel caso di tensioni sempre crescenti nell'ambito familiare, sia nel caso di problematiche di relazione di coppia e di motivazione alla vita comune, che porta i coniugi verso un'estraniazione reciproca.

Il modo con cui avviene il processo di separazione tra i coniugi o tra i partners che hanno avuto un'esperienza di vita comune non breve, testimonia quanto questa soluzione non sia così facile da realizzarsi e

---

[17] Abignente, *Le radici e le ali, risorse compiti e insidie della famiglia*, Ed. Liguori, Napoli 2002.

sia vissuta in modo complesso ed emotivamente molto coinvolgente già da quando è ipotizzata questo non solo da parte di chi si sente proporre una tale soluzione, ma anche da parte di chi la propone per primo.

Queste vicende, relativamente ancora poco studiate in Italia dove pure la realtà della separazione è sempre più vasta, sono state ampiamente analizzate da studiosi stranieri e in particolare dagli Stati Uniti, dove il fenomeno è di maggior portata e maggior tempo.

Essi hanno messo in evidenza come vada incluso nel processo che conduce alla separazione di fatto della coppia, anche un periodo precedente alla decisione manifestata da uno dei coniugi di porre fine alla convivenza e un periodo che segue tale fine, in cui permangono legami emotivi tra di loro, che non sempre sfocia in un effettivo " divorzio psichico".

"Nel tentativo di definire il processo di disgregazione della vita di coppia, Kressel e Deutsch evidenziano com'esista un periodo iniziale in cui una comunicazione tra i coniugi già carente o non funzionale alle loro esigenze fa in modo che si sviluppino sentimenti negativi reciproci che rendono sempre più frequenti i momenti e i motivi di scontro e sempre meno possibili le intese ed i chiarimenti.

È un periodo in cui peraltro sono posti in atto anche tentativi di riavvicinamento o di ristrutturazione dell'unione, per la persistenza di sentimenti positivi o la presenza d'interessi comuni.

Certamente in ciò ha parte notevole anche il bagaglio di valori etico normativi dei due coniugi (o di uno di loro), né sono estranei pressioni culturali o ambientali e difficoltà obiettive alla realizzazione di menages separati". [18]

Esistono anche resistenze più profonde alla dissoluzione del legame, che si manifestano nella comparsa di sensi d'insoddisfazione che i coniugi sviluppano in questo periodo e anche nella loro tendenza ad attribuirsi reciprocamente le responsabilità di ciò che sta accadendo.

Gradatamente l'intimità tra i coniugi diminuisce e la ricerca di sostegno e di conferma alla propria validità viene da ambedue fatta sempre più ampiamente al di fuori della famiglia, sia con il recupero di

---

[18] Kressel E Deutsch, *Terapia di divorzio*, Ed. Angeli, Milano 1980, p. 413-443.

legami precedenti che si erano creati come la famiglia d'origine, gli amici, sia con lo stabilirsi di nuove relazioni interpersonali.

Questo periodo, che può essere superato in breve tempo ma che più spesso si prolunga con alterne vicende, è già un primo segno della difficoltà che i coniugi trovano a risolvere con la separazione un legame ormai deteriorato, anche quando non mettono in atto nulla che possa obiettivamente essere utile per risolvere la crisi dei loro rapporti.

Tale difficoltà comunque appare ancora più esplicita nelle dinamiche tra i coniugi che caratterizzano il periodo successivo, in cui la decisione di interrompere la convivenza è stata presa o comunicata da uno dei due.

È comprensibile come nel coniuge che non ritiene, o non ritiene ancora, la separazione come il miglior modo per risolvere i contrasti, vi sia una reazione di rifiuto che si manifesta da una parte con un aumento del rancore nei confronti del partner, che da adito a un incremento delle occasioni di scontro, e dall'altra con ansia e reazioni depressive ma anche con sensi di colpa e d'inadeguatezza.

Anche nell'altro coniuge vi è spesso un'ambivalenza verso la propria decisione e accanto al desiderio di interrompere la convivenza si sviluppano in lui resistenze, non sempre coscienti, a compiere un passo che sancisce in modo definitivo il fallimento di un'esperienza iniziata, in previsione di un maggior arricchimento o comunque di un'auto realizzazione.

Nel coniuge che abbandona inoltre, non raramente compaiono i sensi di colpa: per il fallimento di tal esperienza ma anche nei confronti di un partner, con cui in passato vi è pur stata una forma d'intesa e di crescita comune.

In ambedue i coniugi poi cominciano a comparire sensi di disagio, di fronte alla prospettiva dei mutamenti che l'eventuale separazione comporta: cambiamenti non solo d'abitudini e di spazi quotidiani, ma anche mutamenti più profondi che coinvolgono la loro stessa personalità.

Ognuno di loro, infatti, elabora la propria immagine di sé attraverso l'assunzione di ruoli nuovi: quello coniugale e quello genitoriale.

Separarsi vuol dire mettere in discussione questa immagine e dunque perdere qualcosa nello sforzo di ridimensionarli, e di accedere a ruoli nuovi.

Da qui una situazione emotiva che acuisce lo stato di conflitto e rende più intense le reazioni di ambedue ad essa: l'ansia che né deriva incrementa la tendenza già esistente di attribuire all'altro, la responsabilità d'ogni diverbio e di tutta la situazione, e fa precipitare i tempi della rottura definitiva del menage familiare.

La fine della convivenza non pone freno allo stato di conflitto, ma persiste dopo la separazione in modo diverso nelle singole situazioni.

"È ancora Kressel a tentare un'analisi di tale diversità e delle possibilità di giungere al distacco emotivo tra i coniugi, in base alle sue caratteristiche e al rapporto di coppia persistente alla separazione.

Secondo quest'autore, un certo grado di stato di conflitto è sempre presente dopo la separazione, se i dissidi non sono stati in precedenza largamente risolti.

Essa può comparire, infatti, anche dopo la separazione se la precedente mancanza di litigi e di tensioni era dovuta non tanto ad un progressivo allentarsi del legame e dell'interesse reciproco tra i coniugi, ma piuttosto a cattiva comunicazione e difficoltà d'elaborazione comune dei problemi di coppia.

In questi casi i dissensi si rivelano assai difficilmente componibili sia per la violenza di sentimenti repressi che emergono, sia per non abitudine dei due partners a fronteggiarli, avendo utilizzato in passato prevalentemente meccanismi difensivi di negazione o di fuga dalla realtà". [19]

Così lo stato di conflitto sorto quasi dal nulla mette in luce posizioni intransigenti, reazioni inaspettate e violente ma anche scarsa capacità d'aderenza alla realtà nella ricerca, di soluzioni che sono prospettate in base ad esigenze personali.

Paradossalmente migliore sembra la possibilità che si venga appianando uno stato di conflitto anche intenso prima della separazione, a patto però che queste abbiano già portato in quel periodo a un tentativo di definizione della posizione dei due coniugi dopo la fine della convivenza, sulla base d'elementi concreti e di realtà.

---

[19] Kressel, *Una tipologia di divorzio di coppia: indicazione per la mediazione e il processo di divorzio,* Ed. Angeli, Milano, 1980, p. 19.

Questi coniugi, infatti, di solito non tendono a rimettere continuamente in discussione la decisione presa e soprattutto se aiutati da altri in tal senso, riescono a far convergere le loro discussioni sulla ricerca di soluzioni realistiche a problemi concreti.

È evidente che sono casi in cui il dialogo tra i coniugi, non si era mai del tutto interrotto e in cui ognuno dei due ha una stima di sé sufficiente per permettere di sostenere le proprie tesi, senza timore di perdere qualcosa di sé nel porsi in contrasto con l'altro.

Ben diversa invece la sorte di una stato di conflitto aperto tra i coniugi, già in fase di decisione di separazione e spesso anche assai precedente, associata ad un'affettiva incapacità di essi a porre termine ad una convivenza emotivamente molto implicante.

"Sono di solito coniugi che anche dopo aver preso una decisione irrevocabile di separazione definitiva, continuano ad avere una vita in comune simile a quella precedente anche con rapporti sessuali da ambedue voluti, evidenziando una resistenza inconscia a porre termine al legame.

Questi coniugi dopo la separazione tendono di solito a mantenere i contatti, pur molto conflittuali, utilizzando ogni rapporto esterno per mantenere vivo il legame e danno l'impressione di alimentare intenzionalmente anziché appianare i propri contrasti.

Anche eventuali aiuti che vengono offerti, a livelli terapeutici e non, per giungere al divorzio psichico, vengono o boicottati o strumentalizzati in una ricerca quasi ossessiva di combattere, umiliare, distruggere l'altro piuttosto che uscire dalla situazione di conflitto con lui". [20]

In questo legame anche autodistruttivo di comportamenti, violenze reciproche e non solo sul piano verbale, possono persistere per anni anche dopo la separazione, e impedire un processo di recupero del sé e d'assestamento emotivo in tutti i membri del nucleo che si è disgregato.

Nella maggioranza dei casi esiste un divario tra la fine della convivenza e il distacco psichico dei due coniugi, infatti, uscire dal legame emotivo con il coniuge comporta, di arrivare a viverlo come

---

[20] *Ibidem*, p. 20.

appartenente al passato e non far riferimento al coniuge per definire se stessi e la propria validità.

Naturalmente, occorre che la separazione sia emotivamente accettata da ambedue i coniugi, che prendano atto della realtà e riescano ad affrontare la nuova situazione, sentendosi capaci di procedere e di capirsi senza che l'altro e le sue reazioni, siano importanti per le nuove scelte e le nuove esperienze.

Questo processo di distacco è ovviamente più difficile se permangono aree d'interesse comune, quando esistono i figli, perciò la fine della convivenza pone termine al ruolo coniugale ma non a quel genitoriale, solo perché diviene impossibile rimanere in contatto con il coniuge o con il suo mondo affettivo, ma anche perché il figlio ha sempre, se pur in misura diversa in rapporto alla situazione psicologica del genitore, una funzione di conferma dell'autostima e di definizione di un ruolo sociale.

È comprensibile quindi che la contesa dei figli aumenta dopo la separazione, anzi l'animosità e l'estrema sensibilità alla frustrazione che determinano l'esplodere di scontri per minimi pretesti, che caratterizzano i litigi tra i due partners prima della separazione, sembrano allora spostarsi su questo motivo di contesa.

A volte, è proprio l'occasione dell'incontro tra bambino e genitore non affidatario, che è utilizzato da uno o da ambedue i coniugi, per riprendere un diverbio o una discussione ritenuta non conclusa o per manifestare un'ostilità elaborata dopo la separazione. Anche la messa in discussione delle norme d'affidamento dei figli, va di là dalla ricerca di una soluzione realistica, in base alla situazione che si è venuta creando e alle loro esigenze, diventando un mezzo per affermare la propria validità o il proprio spazio decisionale, attraverso una definizione di non validità e di non attendibilità dell'altro nel ruolo di genitore.

Così esistono situazioni in cui i coniugi sembrano incapaci di uscire da uno stato di conflitto che quasi si autoalimenta, se non sono aiutati da altri, che talvolta non favoriscono il distacco psicologico ma anzi lo ostacolano, parenti, amici, o anche avvocati, che nel tentativo di sostenere uno dei due coniugi, possono, anche senza rendersene conto, esasperare i conflitti evidenziando o accentuando i motivi di contrasto, o sostenendo l'interpretazione soggettiva che dà alla situazione.

Possono aiutarli a sdrammatizzare gli eventi, ad avere una visione meno triste della realtà, a considerare le ragioni dell'altro, a sorgere elementi positivi nella situazione che si viene a creare, indirizzando interessi ed energie in una nuova prospettiva di sviluppo e di autorealizzazione.

Ma esistono situazioni in cui ogni sforzo, fatto dagli altri per aiutare i coniugi, o uno di loro, a superare i suoi risentimenti e le sue ansie, sembra avere effetti nulli o controproducenti, così sembra evidente che per quanto i coniugi siano gli artefici della loro separazione, l'accettarla appare spesso per ambedue difficile.

2. *La condizione di separato*

Porre fine ad un rapporto coniugale, specialmente se questo si è protratto per anni, è inoltre sempre un'esperienza di perdita.

Sia il coniuge che si allontana dalla casa sia quello che in lei rimane, perdono innanzitutto punti di riferimento della loro vita quotidiana e si trovano a dover cambiare qualcosa di più, delle semplici abitudini acquisite nella vita in comune.

"Sul piano pratico, è evidente per chi se ne va di casa, soprattutto se si tratta dell'uomo.

Anche se lentamente, si va verso una condizione di parità tra uomo e donna, in realtà è di solito quest'ultima che provvede completamente alla conduzione della casa, l'uomo è ancora abituato, almeno nella norma, a trovare il mangiare pronto, i propri abiti puliti, la casa in ordine.

Così è soprattutto l'uomo che, quando inizia a vivere da solo dopo il matrimonio, ha la percezione di perdere concreti punti di riferimento ma anche un vantaggio che gli proveniva dalla convivenza con il coniuge". [21]

Ma sia l'uomo che la donna che si allontanano fanno esperienza di solito anche di una casa nuova, di un quartiere nuovo a volte, di nuovi vicini: un senso d'estraneità che conduce a sentire il cambiamento di

---

[21] Dreyfus - *Conseguenze del divorzio del padre. Marito e terapia familiare*, ed. Marit, 1979, p. 479.

vita tanto desiderato quanto un'esperienza non così facile da affrontare in un momento in cui la tensione non si è certo ancora risolta.

Tutto questo può raffreddare in parte l'entusiasmo per una libertà riconquistata, anche se non è per se sufficiente per arrivare a una rivalutazione del passo compiuto o per percepire il nuovo stato come negativo: dopotutto ogni volta che una persona sceglie di cambiare, di allontanarsi da un luogo o da una situazione che non presenta più prospettive di realizzazione o di crescita personale, vi sono svantaggi da affrontare.

In una condizione in cui tutti i punti di riferimento sono in parte ancora da definire, vi è uno stato d'ansia latente, all'erta potremmo dire, che rende la persona più sensibile alle contrarietà e più incline a rivolgersi al passato, meno capace quindi di affrontare obiettivamente e con fiducia nelle proprie capacità la nuova situazione.

Anche il coniuge che rimane nella casa coniugale ha peraltro una situazione emotiva simile, egli non perde alcuni punti di riferimento, la casa, i vicini e conserva maggiormente le proprie abitudini quotidiane.

Se è una donna anzi la cura della casa, cui ha provveduto anche in passato, può occupare spazi psicologici e diminuire i momenti di rivolgimento al passato, anche se poi tutto in casa lo richiama.

Questo coniuge è quello meno preparato alla fine della convivenza e l'assenza dell'altro, se da una parte può dare un senso di sollievo per la fine dei litigi e di una presenza che era sempre più imbarazzante, dall'altra dà pur sempre un senso di vuoto, di perdita, d'evento piovuto dal cielo che è stato deciso e gestito da un altro.

"La percezione di perdita di un partner ritenuto ancora importante per la propria vita, o con cui poteva tentare ancora di stabilire qualcosa di costruttivo e contemporaneamente la sensazione di perdita del proprio potere decisionale, crea così uno stato di disagio e d'insicurezza anche in questo coniuge, amplificando i suoi problemi e le sue reazioni agli eventi".[22]

Entrambe i coniugi si trovano di fronte ad una situazione, che spesso li imbarazza e li ostacola anziché aiutarli a giungere ad un distacco emotivo reciproco: e cioè la perdita di sostegni esterni.

---

[22] *Ibidem*, p. 486.

Quando due coniugi si separano, amici comuni e parenti tendono, infatti, a schierarsi per uno abbandonando l'altro, sostenendo le ragioni dell'uno e valorizzando i punti di vista e i comportamenti dell'altro.

La perdita di sostegno anche tra i parenti propri oltre che quelli dell'ex coniuge dimostrino o facciano intendere la loro disapprovazione, rafforza in ambedue il senso d'inadeguatezza e sostiene i risentimenti reciproci, conservando attualità e forza al loro conflitto e anche al loro legame.

A quest'immagine della separazione come condizione liberatoria contribuisce anche il fattore economico, infatti, molte coppie dovendo sostenere due famiglie, hanno problemi di questo genere.

Soprattutto il coniuge che si è allontanato è costretto spesso a soluzioni di ripiego, a volte anche ad un ritorno non voluto nel nucleo d'origine che se da una parte propone una situazione di dipendenza, dall'altra sostiene la stato di conflitto con il coniuge lasciato perché di solito anche i suoi genitori si coinvolgono in essa.

La difficoltà a non pensare più al passato e di non essere condizionati da esso nel modo di affrontare il presente, è dovuta anche al confronto che i coniugi sono automaticamente portati a fare tra lo status, inteso come posizione sociale, attuale e quello precedente, in conformità a convinzioni personali ma anche in rapporto all'atteggiamento della società verso la condizione di coniuge separato.

Di solito, infatti, i valori e gli stereotipi che hanno radice nell'educazione ricevuta, sono divenuti parte dell'immagine che uno ha di se stesso, e non sono scalfiti facilmente da quest'esperienza anche se ha caratteristiche tali da contraddirli o metterli in discussione.

L'opinione comune, che il singolo percepisce nell'ambiente in cui vive, può sollecitare modi diversi di porsi di fronte agli eventi, ma può anche radicalizzare le convinzioni che contrastano con l'esperienza.

Attualmente nella società italiana e specialmente nelle zone con una cultura tradizionale come il Meridione o certe zone rurali, la separazione coniugale è spesso stigmatizzata, il matrimonio è, infatti, ancora considerato un'istituzione con finalità precise, in cui le relazioni interpersonali e gli affetti sono relativamente poco rilevanti e in ogni modo non caratteristico per la sua validità ed efficienza.

Che tra i coniugi vi sia un'intesa sessuale e sentimentale, che vi sia un rapporto affettivo reciprocamente gratificante tra genitori e figli, appare in realtà poco importante di fronte ad una famiglia stabile che contribuisce ad una struttura ordinata della società e garantisce la trasmissione di valori socialmente accettati.

"La Chiesa Cattolica, che in Italia ha avuto ed ha ancora notevole influenza in materia di matrimonio, ha visto per secoli la famiglia solo come l'istituzione che permette la procreazione e l'educazione della prole.

Solo ultimamente vi è stato nei documenti conciliari e pontifici un riconoscimento dell'amore come fondamento dell'unione coniugale, ma ancora l'indissolubilità è considerata una caratteristica dell'istituzione matrimoniale piuttosto che la conseguenza di un'intesa in cui i coniugi sono impegnati a conservare la propria unione in un atteggiamento di comprensione e di disponibilità reciproche". [23]

Non sembra del tutto tramontata quindi la convinzione che siano più stabili e preferibili, i matrimoni combinati rispetto a quelli dovuti ad innamoramento reciproco, perché basati su obbligazioni verso la parentela piuttosto che sui sentimenti.

"E se forse oggi sono pochi disposti a sostenere, come avveniva in passato, che la manifestazione spontanea dei sentimenti nel matrimonio può danneggiare altri membri della famiglia ed essere quindi un fattore di destabilizzazione di esso, ancora vi sono studiosi che considerano pericoloso per l'istituzione familiare, l'emergere dei desideri dei singoli e il loro tentativo di perseguire nell'unione coniugale la soddisfazione dei propri bisogni piuttosto che perseguire finalità comuni di stabilità sociale e di difesa della specie". [24]

Alcuni sociologi italiani, ultimamente hanno interpretano la crisi del modello tradizionale di famiglia, in cui si viene sostituendo non un altro modello socialmente condiviso, ma piuttosto una serie di modelli di convivenza o di ruoli coniugali conformi alle esigenze dei singoli e in rapporto a diverse situazioni di vita, come un segno di progressiva crisi non solo di essa ma anche della stessa società.

L'importanza che la famiglia rimanga unita è sostenuta da molti, attribuendo all'unità familiare un valore principale.

---

[23] Giovanni paolo II, *La famiglia*, parte 2ª, cap.1.

[24] Cives, *La sfida difficile, studio dei ruoli e compiti della famiglia, dei genitori nell'ambito sociale e filosofico*, Padova, 1990.

Considerano negativa la separazione dei coniugi anche persone che non ritengono necessaria una fedeltà reciproca, che non è mai stata chiesta in passato all'uomo e non viene nemmeno più chiesta, in ambienti più evoluti, alla donna.

Vincolo matrimoniale, accordo sessuale e sentimentale dei coniugi sembrano a molti, in virtù anche di un'antica tradizione, due realtà completamente staccate tra loro che possono occasionalmente sussistere insieme.

Interessante è l'interpretazione di Russel, il noto filosofo inglese: riteneva che uomini e donne potessero realizzarsi solo attraverso un autentico rapporto d'amore, e considerava non proponibile l'indissolubilità del vincolo coniugale.

"Egli auspicava che si giungesse, anche se riteneva che fosse possibile solo in generazioni future dopo adeguata formazione dei giovani, all'abbandono di una impostazione morale che costringe i coniugi alla fedeltà reciproca anche quando l'attrazione sessuale è scomparsa.

Tuttavia egli considerava necessaria la famiglia per la crescita dei figli e arrivava a chiedere ai coniugi non più affettivamente legati tra loro una auto-repressione e una vita in comune in nome della superiorità dei diritti dei figli sui diritti sentimentali dei genitori, o che fosse accettato senza pregiudizio il rapporto adulterino (nettamente differente dal rapporto procreativo)". [25]

Interessa considerare come ci siano le caratteristiche e le finalità della famiglia, indipendentemente dalle relazioni che intercorrono tra i suoi membri, e come, quindi essa assume importanza per quello che deve essere come istituzione piuttosto che per quello che essa è nelle interazioni concrete dei suoi elementi, comprendendo perché suscita spesso disapprovazione nell'ambiente sociale il porre termine alla convivenza, quando non vi è più intesa reciproca e quando il tentativo di uno o di ambedue i coniugi di auto-determinarsi significa trovare nel partner ostacolo tali da rendere il conflitto inevitabile e aperto.

In molti ambienti è maggiormente approvata l'unione solo formale dei coniugi ed è anzi considerato molto positivamente il persistere di una convivenza, anche quando essa è solo occasione di frustrazioni

---

[25] Rassel, *Matrimonio e morale*, Ed. Longanesi, Milano, 1961.

reciproche ed esempio di non comunicazione, d'intolleranza ed anche di violenza per i figli.

Sembra chiaro che la condizione di separato sia spesso vissuta dai coniugi che si sono divisi, come una condizione inferiore rispetto alla precedente e diventa ancora più difficile quando entrambi i coniugi dipendono nella valutazione di sé e del proprio operato dalle credenze, e dai giudizi di chi li circonda.

Nella situazione culturale è stata elaborata un'immagine di famiglia ben precisa, con ruoli coniugali o familiari molto differenti, il superamento delle difficoltà connesse con il nuovo status diventa quindi ancora più problematico.

3. *La famiglia divisa*

Un'immagine di famiglia con ruoli definiti nell'ambito sociale è, infatti, fonte di problemi per coloro che si separano, soprattutto se essa è stata importante nel loro desiderio di formare una famiglia o se sposarsi, è significato per loro accettare ma anche desiderare di assumere un ruolo socialmente prefigurato o attendersi che il coniuge assuma quello anche per lui ormai codificato.

Assumere un tale ruolo vuol dire certo rinunciare a qualcosa della propria individualità e ad altre possibili scelte di vita e di ruolo, ma vuol dire anche acquisire una posizione sociale sicura, che garantisce la definizione di sé di fronte agli altri, ed anche a se stessi.

Specialmente persone con una scadente immagine di sé vedono nel ruolo codificato e approvato dagli altri, una base sicura per la propria valorizzazione come persone, e per la loro stessa percezione d'identità.

"Chi entra in una posizione trova già virtualmente un sé, nota Goffman: egli non deve far altro che aderire alle pressioni e trovare un io bello e fatto per lui". [26]

"I ruoli di marito e moglie sono ancora largamente intesi come subalterni, nonostante una recente legislazione che sancisce la parità dei coniugi.

Ma se una volta era dato per scontato, come nota Rassel, che la moglie doveva adattarsi al marito e non il marito alla moglie,

---

[26] Goffman, *Espressione e Identità*, Ed. Mondatori, Milano, 1979.

attualmente ciò non avviene e l'emancipazione femminile ha complicato le cose". [27]

È così facile per l'uomo assumere un ruolo di capofamiglia ma difficile accettare una posizione di parità, opponendo resistenza al cambiamento, egli trova appoggio non solo nella tradizione ma anche nei modelli acquisiti nella fanciullezza all'interno della famiglia e rafforzati dall'esperienza successiva d'altre famiglie conosciute, e similmente composte.

"La donna si trova in una situazione opposta: le è difficile accettare un ruolo subalterno, in ciò sostenuta dall'evolversi nell'attuale periodo storico del concetto di famiglia e della rivalorizzazione della donna come persona soggetto oltre che oggetto di diritto". [28]

Con molta difficoltà, la donna ha spesso acquisito modelli di sottomissione femminile che le fanno vivere con sensi di colpa i tentativi d'autoaffermazione e autodeterminazione sia all'interno sia all'esterno della famiglia, essa inoltre è stata ancora spesso educata a vedere nella maternità all'interno del matrimonio, la realizzazione più completa di se stessa.

Ma anche quando i ruoli di moglie e di marito non sono percepiti dai due coniugi come contrapposti, e non sono rigidamente intesi, non è detto che i coniugi abbiano una ugual percezione di loro.

La cultura attuale è pluralistica, i coniugi vengono sempre di più da esperienze culturali diverse e possono aver elaborato in maniera diversa le loro attese di ruolo.

Essi inoltre possono non essere propensi a mettere in discussione il loro punto di vista o possono essere disposti a farlo solo entro certi limiti, o non essere disponibili del tutto a farlo, per salvaguardare i propri punti di riferimento e quindi la propria stessa identità.

"Ma come da più parti è stato ormai messo in evidenzia, lo strutturarsi di una relazione coniugale con caratteristiche di stabilità è collegata alla capacità dei coniugi di affrontare con adeguate risorse i piccoli e grandi cambiamenti che le alterne vicende della famiglia comportano. Tra queste sono considerate in primo luogo una capacità di costruire insieme le soluzioni di fronte a situazioni nuove, anche

---

[27] Rassel, *Matrimonio e morale,* Ed. Longanesi, Milano, 1979.

[28] Figes, *Il posto della donna nella società degli uomini,* Ed. Feltrinelli, Milano 1970.

attraverso la negoziazione delle reciproche divergenze, ed una fluidità di comunicazione non ostacolata da timori d'incomprensione o di perdita di consenso: capacità peraltro strettamente collegate ad una sufficiente autostima ed autonomia di ambedue e quindi alla loro possibilità di mettersi in discussione, di accettare cambiamenti nel loro modo di vedere le cose senza temere di perdere qualcosa di sé o di incrinare la relazione con l'altro". [29]

In realtà molti conflitti tra i coniugi, che sfociano nella loro separazione, si alimentano sull'incapacità di accettare il punto di vista dell'altro senza temere di perdere qualcosa di se stessi.

Per questo al momento della separazione vi può essere la sensazione, non solo di aver perduto uno status ma anche di aver perduta la possibilità di agire in esso il ruolo desiderato, ma non realizzato durante l'esperienza matrimoniale.

"In questa elaborazione di ciò che la famiglia poteva essere e non è stata, come nella elaborazione iniziale della sua stessa immagine, ha peraltro una parte notevole quello che Laing chiama "fantasma" della famiglia, cioè l'interiorizzazione della famiglia che ha costituito.

Questo autore fa notare come in tale processo vengano interiorizzate non tanto le persone quanto le relazioni e i modi d'interazione tra i membri, e come essi tendano ad essere inconsapevolmente rivissuti e fatti rivivere nel nuovo nucleo. Non raramente, nel cercare di esprimersi spontaneamente, la persona sta solo interpretando una parte di quello schema fantasmatico, un ruolo che lui o altri hanno vissuto nella famiglia di origine.

E spesso anche il coniuge è visto non per quello che è ma per la sua capacità di interpretare il ruolo che gli viene attribuito". [30]

In un nucleo che si costituisce ognuno dei due coniugi, porta il suo "fantasma" di famiglia e la costituzione di una nuova entità è legata alla possibilità di sintesi delle due esperienze e di elaborazione e interiorizzazione di un nuovo modello di famiglia da parte di ambedue.

Nel momento della separazione il fantasma della famiglia di origine diventa un ulteriore punto di riferimento nell'analisi della situazione, ma proprio per il suo carattere contribuisce a rendere sempre meno

[29] Walsh - Stili di funzionamento familiare – Ed. Angeli – Milano 1982.

[30] Laihg, *La politica della famiglia,* Ed. Einaudi, Torino, 1973.

realistica la valutazione di ciò che è avvenuto, delle responsabilità proprie e dell'altro, e delle possibilità concrete di uscire dal legame che si voleva sciogliere.

Questa componente soggettiva nella percezione dei ruoli coniugali e nella valutazione delle capacità proprie e dell'altro di sostenerli, permette di capire meglio come, in caso di conflitto o in seguito alla separazione, sia molto difficile per i coniugi sentirsi responsabili di ciò che è successo e come ambedue cerchino invece di vedere nell'altro il colpevole.

Ma fa capire anche quanto sia difficile fare distinzioni precise, tra la posizione del coniuge che abbandona e quella del coniuge che viene abbandonato. Normalmente si rende a dare un giudizio opposto su di essi, stigmatizzando il primo e riservando un grado più o meno alto di comprensione per il secondo.

Non a caso la stessa Chiesa Cattolica ha un modo diverso di considerare i due coniugi separati e offre un aiuto pastorale, se pur limitato, a chi è stato lasciato mentre non dà possibilità di giustificazione a chi ha abbandonato il tetto coniugale.

Questa distinzione tra un coniuge "buono" che credeva nell'indissolubilità del matrimonio e coniuge "cattivo" che lo infrange per rifarsi una nuova vita, se da una parte conferma la priorità che viene data all'istituzione matrimoniale rispetto all'amore coniugale, dall'altra sembra voler e dover trovare un unico responsabile al fallimento dell'unione.

Capire come, quando e per colpa di chi sono iniziate le prime incomprensioni, perché la comunicazione nella famiglia, come in ogni altro gruppo sociale, è circolare e i singoli s'influenzano reciprocamente.

La definizione che un coniuge da di sé e del proprio ruolo, e quindi del ruolo dell'altro può essere accettata dall'altro; ma se ciò non avviene e questi tende a ridefinire i ruoli e gli spazi personali secondo le proprie esigenze e i propri punti di vista, vi deve essere un continuo adattamento reciproco per evitare che la comunicazione finisca o diventi per ambedue disfunzionale.

Possono nascere così conflitti che i coniugi possono tentare di ricomporre, se ritengono opportuno conservare la loro unione, o anche semplicemente se hanno paura di perdere se stessi, perdendo il ruolo che hanno assunto nel matrimonio.

Senz'altro è esistito comunque un momento, nella vita di coppia che si sta separando, in cui uno dei due coniugi si allontana e ha rinunciato a ricomporre lo stato di conflitto, a rendere possibile una comunicazione per ambedue abbastanza insoddisfacente, considerando questo come l'inizio del distacco tra i due coniugi.

Ma è difficile dire chi ha compiuto il gesto di allontanamento, chi sta abbandonando l'altro: se chi apertamente ha rinunciato a tentativi di ricomposizione di una famiglia o chi per rigidità delle sue posizioni, o dei suoi fantasmi non ha di fatto permesso che il dialogo continuasse.

In certi casi è il coniuge più intransigente e meno disponibile all'incontro con l'altro che per primo tronca i tentativi di riconciliazione, in altri casi è l'altro che dopo diversi tentativi di strutturazione del legame, lascia stare.

Queste distinzioni sono difficili da fare da parte di un osservatore esterno, perché i vissuti dei due coniugi possono non coincidere con una realtà oggettiva, potendo il coniuge più rigido percepirsi come il più disponibile e chi abbandona ogni tentativo di riconciliazione attribuire completamento all'altro, ogni responsabilità nell'interruzione della comunicazione.

Così al momento della separazione esiste senz'altro un coniuge che esce da casa e uno che rimane, ma non sempre il primo è colui che è stato più intransigente e non ha permesso di fatto il dialogo, o colui che per primo ha deciso che la soluzione migliore all'incomunicabilità e al conflitto era la separazione.

Il giudizio sociale influenza il vissuto dei due coniugi dopo la separazione.

Il coniuge giustificato è aiutato a far valere i propri punti di vista, l'altro a viverli forse con maggior ansia ma non poche volte anche a sostenere le sue decisioni, ed è anche questo porta più allo sviluppo dei conflitti precedenti che al loro superamento. La percezione di essere lasciato, che non è solo del coniuge che rimane, ma anche di chi non ha visto altra soluzione che l'abbandono della casa coniugale, ha peso più considcrevole sulla loro percezione di sé e del proprio valore.

La condizione stessa di separati sollecita in ambedue la ricerca del colpevole, etichettando l'altro, con l'inizio di sentimenti di rancore ed anche aumento di precedenti comportamenti d'ostilità e di disprezzo.

Più frequentemente ognuno dei due coniugi può sentire anche se stesso colpevole o almeno meritevole del comportamento messo in atto dall'altro, aiutato da quel "fantasma di famiglia" che propone i ruoli che lui voleva interpretare ma anche quelli che ha in realtà interpretato, ruoli simili a quelli da lui sostenuti nell'infanzia, quando era debole e incapace di gestire le situazioni, ma anche ruoli sostenuti da un genitore o da un altro membro della famiglia considerata incapace di gestirsi, di affermarsi e succube di altri.

Così la separazione non implica solo un sentimento di perdita di qualcosa posseduto in un precedente passato, ma crea anche difficoltà nel definire se stesse, la propria situazione personale, la propria effettiva capacità di affrontare la realtà.

La separazione è in altre parole sempre momento di crisi, in qualsiasi modo essa sia stata affrontata nel periodo precedente.

4. *La crisi d'identità*

Parlare di crisi personale nel momento in cui possono venir recuperati spazi psicologici e in cui si può cominciare a gestire la propria vita autonomamente, può sembrare paradossale, in realtà ogni cambiamento di situazione interpersonale è difficile perché implica la perdita di punti di riferimento a cui la persona era abituata e che, pur limitando l'espressione del suo sé, ne precisavano i confini.

Si può anzi affermare che vi è una delimitazione e una definizione reciproca cui la persona si adegua, soprattutto certe situazioni appaiono caratteristiche per questo modellamento reciproco e tra loro l'esperienza coniugale, sia per l'interdipendenza che comporta, sia per l'importanza a livelli socioculturali.

Uscire da queste situazioni comporta pertanto la perdita di riferimenti ma anche, la perdita di parti di sé.

"La tolleranza di questo cambiamento è in rapporto alla possibilità che l'individuo ha di progettarsi anche in situazioni sentite nuove, non avendo perduto il senso di esistere anche senza dover far riferimento agli altri.

L'individuo ha bisogno di percepire dentro di sé qualcosa di stabile, un continum che rimane inalterato attraverso il mutare degli eventi".[31]

Questo nucleo centrale originario dell'organizzazione interna della persona viene definito come identità ed è di antica data, esso si struttura attraverso l'universo emotivo e si arricchisce con identificazioni di altre figure significative. La sua consistenza è diversa nelle varie persone in base alla possibilità che esse hanno avuto di compiere queste identificazioni e di integrarle tra loro, ma anche di differenziarsi e di diventare individui a cui è concesso di autodefinirsi.

"La Mahler ha messo in evidenza come il processo di individuazione inizia già nei primi mesi di vita attraverso un alternarsi di momenti in cui il bambino cerca di scoprire il mondo e di auto-determinarsi in esso e momenti di ritorno alla madre per garantirsi la continuità del suo appoggio (che garantisce a quell'età la continuità dell'esistenza).

È la prima manifestazione di quel bisogno di essere confermato dagli altri nella prima definizione di sé che caratterizza poi le successive relazioni interpersonali". [32]

Ma gli altri possono non accettare e ostacolare questa spinta del bambino a differenziarsi, il far da sé può essere definito pericoloso, negativo o anche semplicemente motivo di angoscia per l'adulto.

E già fin da questa età è evidente quanto sia diversa la situazione di chi può essere autonomo e controllare la realtà, e di chi deve ancora impegnare nella definizione di sé e la propria posizione in un rapporto di dipendenza dagli altri.

Nelle ricerche condotte dalla Mahler bambini di pochi anni, ostacolati nella propria differenziazione dalla madre, presentavano capacità così inferiori agli altri all'autonomia e all'autodeterminazione da sempre ritardati nel loro sviluppo.

Il concetto di differenziazione del sé è stato ripreso da Bowen, che considera fondamentale per la successiva esperienza familiare dell'individuo, il grado di distacco emotivo che è riuscito a raggiungere nella famiglia di origine.

---

[31] laing, *L'io e gli altri, un approfondimento sul concetto d'identità,* Ed. Sansone, Bologna, 1977.
[32] Mahler, *La nascita psicologica del bambino,* Ed. Boringhieri, Roma, 1978.

"Secondo Bowen non esiste nucleo familiare in cui ciò non avvenga, anche se in alcuni nuclei questo "io indifferenziato" è più esteso e in altri più ristretto, in base alla maturità emotiva dei coniugi.

Se i coniugi sono più differenziati, la loro relazione è basata su elementi di realtà che permettono un adattamento reciproco senza che vi siano sensazione di perdita o timori di abbandono, quando invece essi sono indifferenziati tanto più il loro rapporto è fondato sulla ricerca di mantenere il contatto con l'altro e l'attenzione è focalizzata non tanto sulle situazioni concrete quanto sui sentimenti che esse suscitano". [33]

L'unione dei due coniugi, limita la loro esistenza come persone diverse ma anche possibilità di conoscenza della realtà e di autodeterminazione, ed è il fantasma familiare della famiglia di origine ad interferire nella vita di coppia.

Ognuno dei due coniugi inconsapevolmente tenta di indurre a rappresentare un genitore o un familiare, con cui il rapporto emotivo non era mai stato risolto, e quasi ad assumere l'identità.

"Se queste parti vengono accettate, come avviene quando la organizzazione personale interna è scadente e l'entità poco definita mentre le pressioni esterne sono marcate, si possono strutturare anche delle pseudoidentità, cioè modi di esistere come vogliono gli altri – "identità per gli altri" come le chiama Laing, in cui uno dei due coniugi non è più "qualcuno" ma funziona solo "come qualcuno" in base alle esigenze dell'altro". [34]

Sono molte le parti che possono essere assegnate o assunte: le parti tipiche, riconosciute nella tradizione ed elaborate nella letteratura, come la moglie oggetto, il marito padre o figlio, la moglie madre o bambina, ma anche parti più difficili da sostenere come quelle che richiedono il comportamento dei partner, in una posizione di dominanza o di sottomissione o quelle che conducono ad un rapporto sadomasochistico.

Se un partner differente, rifiuta una di queste parti, può portare alla modifica delle richieste originarie e ad un rapporto più semplice della vita di coppia o ad uno scioglimento del legame in poco tempo.

[33] Bowen, *Dalla famiglia all'individuo,* Ed. Astocabio, Roma, 1979.
[34] laing, *Io e gli altri,* Ed. Sansone, Bologna, 1977.

Sono i motivi di separazione che avvengono con più facilità, in quanto le tensioni possono essere molto forti e il riferimento alla concretezza delle situazioni, dei problemi rilevati da un coniuge permette di arrivare presto al divorzio psichico.

A volte queste parti sono accettate, dopo un periodo in parte lungo di contrasti, allora la vita di coppia diventa una commedia, un dramma, recitata fuori dalla realtà o indipendente da essa.

Fissata la parte, i coniugi non cambiano anzi hanno bisogno di essa, ma se tollerano male il legame, diventa difficile ed è proprio questo il tipo di relazione coniugale che tende a deteriorarsi, e a portare alla separazione.

Questa situazione è poco sostenuta dall'esterno, infatti, nell'organizzazione attuale della società e nella sua sollecitazione alla promozione umana, la validità dell'unione coniugale viene valutata sempre di più in base alla capacità dei due coniugi, di adeguarsi alle esigenze dell'altro e di tener conto dei mutamenti continui che in essa avvengono.

Così le "parti" sono rifiutate sempre di più, quando intervengono situazioni che incidono sulla percezione che un coniuge ha di sé, ripresentandogli il cammino personale che aveva accettato di interrompere.

Il caso della nascita con un figlio permette a un coniuge di valorizzarsi come genitore, anche se ciò è considerato evento importante per la donna, anche l'uomo può mutare l'immagine di sé in un rapporto gratificante con il suo bambino.

La nascita di un figlio può allentare alcune tensioni del nucleo familiare, ma può anche essere occasione di scontro con il coniuge che non tollera lo spostamento sul bambino delle attenzioni dell'altro o anche per le attese che vengono formulate nei confronti del figlio; il bambino, che viene considerato il cemento dell'unione coniugale, diventa allora un motivo di squilibrio, quando il rapporto è basato solo sulla collusione tra i fantasmi e le pseudo-identità dei genitori.

Gli uomini, intanto hanno sempre preferito il lavoro domestico per la donna, al riparo da tentazioni di rifiuto di un ruolo che le è sempre stato attribuito.

In questa situazione, vi è una resistenza del coniuge al cambiamento e la tendenza della persona che vuol realizzarsi a porre fine a un legame sentito incatenante; l'altro può vivere il cambiamento del coniuge come minaccioso, trascurando se tale cambiamento può essere positivo o negativo, ma vedendo solo gli svantaggi che possono derivare e può cercare di ostacolarlo, attraverso una serie di tattiche di potere e d'intimidazione che facilmente prendono un coniuge che sta uscendo da una situazione di debolezza e di dipendenza.

"Lazarus nota come messaggi, detti o fatti capire, del tipo "non possono vivere senza di te "o "sei mio e non ti lascio andare", rappresentano un notevole deterrente nel tentativo dell'altro coniuge di definirsi come persona separata e di vivere più autenticamente se stesso, quando il suo "io" scarsamente differenziato l'ha portato in precedenza ad un alto grado di fusione con l'altro". [35]

Molti matrimoni si mantengono uniti non per amore ed empatia ma per timori o sensi di colpa, e se intensificano le incomprensioni, si giunge alla separazione, con il sostegno di un'opinione pubblica che accetta la separazione, ma sono proprio i coniugi ad avere gravi difficoltà a superare una situazione che li pone, di fatto, come persone separate.

Oltre al coniuge che è lasciato, anche l'altro, cerca di costruire un'immagine diversa di sé, anche se non ha ancora superato la dipendenza emotiva, egli lotta non tanto per staccarsi dal partner ma per fargli accettare una nuova definizione di sé, mettendo in primo piano come valore personale, il grado di accettazione dell'altro nei suoi confronti.

Dopo la separazione questo può essere motivo di contrasto, sia per la fine della convivenza che per la perdita dell'altro come figura che conferma la propria esistenza e in pratica la perdita di una parte di sé.

Si possono comprendere la comparsa di reazioni depressive anche intense, come isolamento, la concentrazione di ogni interesse su di sé, di reazioni psicosomatiche, ma anche sintomatologie psichiatriche in coniugi con struttura di personalità fragile, che hanno avuto difficoltà di mediare i conflitti già prima della separazione.

"Sono espressioni di lutto, e come nel lutto dovuto alla scomparsa di una persona con cui il legame era ancora operante, anche qui ambedue i coniugi tendono a rivolgersi al passato, a rileggerlo, e quasi

---

[35] Dell'Antonio, *Il bambino conteso*, Ed. Giuffrè, Milano, 1993, p. 22.

inconsapevolmente, a non mutare nulla in sé e a mantenere ciò che è rimasto del legame precedente.

Questo lutto ha peraltro caratteristiche particolari, perché da una parte il partner, ancora vivente, è segno del fallimento coniugale e dall'altra il suo stesso esistere sostiene e sviluppa fantasie di recupero del legame precedente, come atto che annulli tale insuccesso".[36]

Le tensioni con l'ex coniuge si accentuano, proprio, quando uno dei due inizia o stabilizza un altro legame sentimentale, così che tali fantasie appaiono definitivamente irrealizzabili.

Queste reazioni sono più intense in chi è lasciato, che ha avuto un ruolo meno attivo nella dissoluzione del legame; ma nel determinare l'intensità del lutto rimane l'incapacità di gestire la situazione e l'intolleranza al cambiamento per timore di perdere qualcosa di sé.

Spesso questo coniuge per la sua rigidità e il rifiuto al ridimensionamento dei rapporti hanno sollecitato nell'altro la reazione di fuga, ma resta il più fragile, dietro una rigida barriera difensiva, e in lui si sommano i motivi di lutto.

5. *Affrontare la crisi*

Il superamento di questo stato di crisi è difficile infatti, ambedue i coniugi devono accettare emotivamente la loro condizione e trovare in se stessi la capacità di vivere e crescere in una nuova dimensione e con diverse prospettive, ed è un cammino che alcuni riescono a iniziare già prima di dividersi, mentre altri non riescono a vedere con calma e con realismo la loro situazione neanche dopo che la separazione è avvenuta.

All'inizio della separazione, il rifiuto al cambiamento, porta a comportamenti di difesa, che non solo non risolvono il problema, ma anzi tendono a mantenerlo aperto; alcuni assumono atteggiamenti di vittima e di autocommiserazione, cercando appoggi esterni per i loro lamenti, altri mettono in atto meccanismi di negazione per cancellare ciò che avviene e che è avvenuto.

---

[36] *Ibidem*, p. 23.

Quando la separazione è avvenuta, la negazione assume un aspetto complesso e può essere sostenuta solo con comportamenti compensatori o con dichiarazioni, o anche con indifferenza.

Il far finta di niente, il far vedere all'altro che non era indispensabile, si può associare, a tuffi nel lavoro, nelle amicizie e anche in frequenti, e brevi relazioni sentimentali messe in atto per negare il senso d'inadeguatezza e per ridimensionare una immagine di sé deteriorata.

Ma fin quando questo comportamento è una manovra per compensare il rapporto e resta predominante il rifiuto essenziale di accettare il cambiamento, resta anche un continuo riferimento della vita passata.

Il comportamento passato e presente del coniuge è analizzato ripetutamente, per rilevare in esso elementi di colpa, per scagionare se stesso e vivere la situazione con meno ansia.

Quest'analisi, fatta per aiutare la persona a ritrovare fiducia in sé, pone invece sempre di più l'altro in primo piano, evidenziando il suo bisogno come elemento di riferimento.

Il continuo ripensamento di ciò che è avvenuto, di ciò che si è fatto, delle sue azioni e di ciò che ha detto l'altro, porta inoltre ad avere un quadro degli eventi sempre meno aderente alla realtà.

Succede così che possono essere interpretati in senso negativo anche comportamenti del partner che non hanno, o non avevano nulla di ostile e a volte addirittura comportamenti insoliti o sostanzialmente diversi da quelli conosciuti come caratteristico del partner siano visti con sospetto, temendo l'inganno.

Inconsapevolmente i coniugi arrivano a ricreare occasioni di scontro e discussioni intese a ridefinire le posizioni reciproche, nel tentativo di porre sotto il loro controllo, una situazione che non si riesce a gestire.

Di conseguenza accanto alle reazioni depressive collegate con il senso di perdita, molte occasioni e molte analisi dei fatti evidenziano i sentimenti di rancore e di collera verso l'altro, spesso sentimenti che cercano di nascondere, come il dolore o l'auto-svalutazione, che non vogliono far comprendere l'altro.

La necessità di svalutare l'altro per valorizzare se stessi ha conseguenze immediate anche nel rapporto con i figli, nell'impossibilità di definire l'altro in positivo, diventa difficile definirlo ai figli, vederlo interpretare da loro, come valido in un ruolo da genitore.

Molti ex-coniugi svalutano l'altro di fronte ai figli, evidenziando, psicologicamente, la scarsa tolleranza che essi hanno di fronte a manifestazioni reciproche di comprensione e di affetto tra l'altro coniuge e i figli: queste manifestazioni accentuano i loro sensi di colpa e d'inadeguatezza nei confronti dell'esperienza matrimoniale fallita, giustificando esplosioni di collera apparentemente immotivate o eccessive.

È proprio da questi sentimenti di rancore e di collera che scaturisce il superamento della crisi, e il disprezzo dell'altro che si accentua permettendo di togliere dalle proprie spalle il peso della responsabilità di ciò che è accaduto e di recuperare un'immagine di sé più positiva.

Elemento fondamentale per compiere questa svolta, rimane la capacità di recuperare un'ottica più realistica nella percezione e nella valutazione di ciò che sta succedendo nei rapporti con l'altro.

Ciò vuol dire avere il coraggio di vedersi in modo nuovo, di perdere precedenti schemi di riferimento e questo diventa possibile solo nella misura in cui si vengono ricostruendo nuovi punti di riferimento, ma anche diversi motivi di autovalutazione.

Riuscire a vivere anche da soli, capire che non si sono persi appoggi esterni tra amici e parenti, maggiori gratificazioni nel campo del lavoro, sono un modo per distrarsi, per non pensare.

Cercare di trovare in una nuova relazione di amicizia o sentimentale la sensazione di valere agli occhi di un altro come persona, o comunque di valere di più per lui più di quanto si valeva per l'ex-coniuge, ma anche intensificare un rapporto con i figli affidati, può essere un supporto a un progressivo miglioramento dell'immagine di sé.

Non avere più bisogno dell'altro comporta non attribuirgli più qualità negative, perché la sua svalutazione non è più la condizione della propria rivalutazione.

Diventa allora possibile anche un'analisi dei fatti, in una dimensione realistica, accettando responsabilità e difficoltà di ambedue.

Ciò permette di ritrovare nell'altro anche aspetti positivi e quindi di aver con lui dei rapporti amichevoli, senza particolare coinvolgimento emotivo, soprattutto, per l'educazione dei figli o per comuni interessi.

E permette di spostare l'attenzione prevalentemente sul presente e sul futuro, arrivando veramente a quella gestione di sé autonoma che si desiderava, nel momento in cui era stato deciso di porre fine alla convivenza precedente.

Questo cammino diventa più facile se i coniugi collaborano, altrimenti è molto difficile per quello che l'ha intrapreso.

"Il processo di distacco psichico avviato da uno può essere, infatti, un aiuto all'altro per abbandonare le sue resistenze, ma può anche renderlo più intollerante, se la paura di perdere qualcosa di sé con la perdita del legame è molto intesa o persistente e la fragilità della sua personalità non gli permette di uscire da un legame che è essenziale per definirsi e che quindi non può accettare che venga concluso.

In tali casi anche il coniuge che avrebbe potenzialità o sostegni esterni per la propria autoaffermazione ha difficoltà a conseguirla". [37]

Sono anche le problematiche dei figli che sostengono le tensioni tra i coniugi, a contribuire a dare un carattere distruttivo alla separazione: il conflitto tra i genitori può essere, infatti, un modo per una continuità se pur negativa del loro legame o per poter ancora sperare in una ricostruzione del nucleo, o per aver un alleato nella propria ostilità verso un genitore, spesso la resistenza al cambiamento dei genitori e quella dei figli è sostenuta a vicenda.

Delle volte i figli vengono utilizzati dai genitori, per razionalizzare la propria resistenza, che può essere giustificata dall'interesse dei figli, può trovare sostegno anche nel contesto ambientale, essendo questo argomento da molti sostenuto, per giustificare lo scioglimento del matrimonio.

Fattori esterni possono infine concorrere a rendere il divorzio costruttivo o distruttivo.

Il rientro di un coniuge separato nella famiglia di origine, per esempio può contribuire a mantenere in lui vivo il conflitto personale perché ripropone e valorizza quei modelli e quel fantasma familiare che erano stati alla base del fallimento dell'unione coniugale.

---

[37] Ackermann, *Psicodinamica della vita familiare,* Ed. Boringhieri, Torino, 1968.

L'atteggiamento della famiglia di origine si pone come accogliente, mentre nei confronti dell'altra, respingente; hanno un atteggiamento di riappropriarsi del figlio più che di accoglienza.

Ma al coniuge appena separato può anche sembrare utile, nel momento di crisi, questo comportamento e la ricostruzione di un nucleo originario regressivo.

"La famiglia che sta intorno al membro che ha avuto un'esperienza matrimoniale negativa è però anche la famiglia che allarga l'area della sua indifferenza: prevale il noi sull'io dei singoli membri perché tutti sembrano doversi difendere da qualcosa che minaccia una identità familiare". [38]

Altre volte questo non accade e vi è solo un appoggio esterno della famiglia di origine, essa si pone di solito più come contenitore dei sentimenti e dei risentimenti del congiunto che come aiuto alla sua valorizzazione come persona e alla sua autonomia, perché attraverso di essa egli possa uscire dalla crisi.

La tensione con il coniuge può essere indirettamente sostenuta dall'aggravarsi dei problemi personali di chi rientra nel nucleo di origine, quando questo ha un atteggiamento svalutante nei suoi confronti, ritenendolo per esempio incapace di gestire da solo la situazione, o quando in esso si riaccende uno stato di conflitto antico e mai risolto.

Tra i fattori che facilitano o no il divorzio costruttivo, merita ancora considerazione la scelta di un nuovo partner, da parte di uno dei due coniugi.

Per il coniuge che non è ancora uscito dal legame, il fatto che l'altro abbia iniziato una relazione stabile che può portare a un rapporto coniugale, è molto angosciante.

Sentimenti di gelosia e d'invidia si uniscono, a quelli di fallimento personale e di abbandono.

D'altra parte l'opinione pubblica è in molte zone ancora sfavorevole al secondo matrimonio, che è visto come atto egoistico e dannoso per i figli della precedente unione.

Il nuovo legame sentimentale crea problemi al coniuge separato che può trovarsi ancora legato a sensi d'inadeguatezza e di colpa, di solito,

---

[38] *Ibidem*, p. 25.

però esso gli dà anche la sensazione di poter agire in modo più adeguato e gratificante il ruolo coniugale, e soprattutto averlo sentito importante per la realizzazione del sé.

Il nuovo legame può essere solo un tentativo di ripresentare a un altro coniuge i propri fantasmi, ma altre volte esso scaturisce dalla consapevolezza vera dell'esistenza di un matrimonio fallito e dall'impegno di stabilire con il nuovo partner, un legame più realistico e più rispettoso delle reciproche esigenze. La prospettiva di un nuovo matrimonio, favorisce la soluzione della crisi, perché danno alla persona una miglior immagine di sé e la possibilità di realizzarsi in una prospettiva futura, anche se non è semplice, perché vi possono essere timori di fallimento dovuti all'esperienza precedente.

I rapporti con i membri del precedente nucleo possono essere condizionati nell'accettare la nuova situazione, non soltanto l'ex coniuge oppone resistenza ma anche i figli possono aver difficoltà ad acquisire un nuovo modo di 'porsi, di fronte al nuovo partner del genitore.

Altrettanto condizionante può essere l'atteggiamento di coloro, parenti e amici, che hanno saputo dare sostegno nel momento della crisi, ma possono essere ancora legati a schemi tradizionali di valutazione del matrimonio.

In ambienti tradizionalmente religiosi o se il coniuge che si è risposato è praticante, ha un suo peso anche l'atteggiamento della chiesa cattolica che nega la partecipazione al Sacramento dell'Eucarestia ai coniugi al secondo matrimonio, se questi non si astengono dagli atti coniugali.

Così se da una parte il nuovo matrimonio dà sicurezza, dall'altra, però richiede un'autostima e quindi un senso d'identità di base già sufficientemente organizzati, per evitare problematiche conflittuali che suggeriscono nuovi sensi di fallimento.

6. *Famiglia ricostruita*

L'unione ufficialmente riconosciuta, è stata fino a qualche decennio fa, quella di due, persone legate da un vincolo matrimoniale, il secondo matrimonio, da luogo ad nuova una realtà, nella quale possono essere presenti i figli, nati dalla precedente unione.

"La nuova condizione familiare, non è mai stata vista in modo positivo, per la difficile integrazione di legami non consanguinei, ma negativamente, dipendendo da un pregiudizio, testimoniato da alcune fiabe universali conosciute, si pensi a Pollicino, Biancaneve, Cenerentola, nelle quali il genitore acquisito è dipinto come un essere malvagio che odia i bambini.

Al punto che, nel linguaggio corrente, il termine per indicare tale genitore, matrigna e patrigno, si evitano, per la nota connotazione negativa e dispregiativa".[39]

Il nuovo matrimonio pone problemi anche nell'ambito dell'allevamento dei figli, perché implica inevitabilmente l'inserimento di un nuovo partner.

Collocazione non favorita perché questo partner, meno legato nel conflitto e solitamente desideroso di stabilire un buon rapporto anche con i bambini presenti, contribuendo a rendere meno angosciante, meno ripiegato sul passato, e quindi più favorevole alla crescita e ad un sereno clima familiare.

Il nuovo partner ha maggiori occasioni del genitore non affidatario di prendersi cura del figlio di questi, contribuendo all'allevamento, in mancanza del genitore naturale.

Questo ruolo può essere diverso, ampi spazi di allevamento possono essere occupati dal nuovo partner del genitore affidatario, quando l'altro genitore si interessa poco o nulla all'educazione del figlio o quando il suo atteggiamento è tale da non soddisfare le sue esigenze di appoggio e cura.

Ma anche quando il genitore affidatario, per motivi personali, ha ostacolato per un periodo relativamente lungo e in vario modo, il proseguimento del rapporto del figlio con il genitore lontano.

In alcuni casi i figli si rivolgono ai nuovi genitori chiamandoli spontaneamente papà e mamma, anche se possono essere stati indotti o costretti a farlo.

Spazi più ristretti di allevamento si possono invece sviluppare quando il bambino o il ragazzo, mantiene un rapporto significativo, anche se spesso complesso a carico di ambivalenza, con il genitore convivente.

---

[39] Abignente, *Le radici e le ali,* Ed. Liguori, Napoli 2002, p. 293.

Tuttavia anche in questi casi il partner del genitore affidatario, soprattutto se interessato a stabilire un rapporto soddisfacente con lui, viene ad assumere un ruolo nel suo allevamento.

Possiamo chiederci, come questi nuovi compagni, possono essere considerati come genitori e soprattutto che tipo di rapporto si istaura con i figli del genitore affidatario e con i propri.

" Gli autori che si sono interessati di questo argomento sono abbastanza concordi nell'affermare che i ruoli allevanti che vengono sostenuti dai nuovi partners dei genitori possono essere vari e comunque appaiono sostanzialmente diversi rispetto a quelli tradizionalmente attribuiti ai genitori e più flessibili, evolvendosi solitamente in base alle caratteristiche delle singole situazioni relazionali e alle reazioni del genitore che con il nuovo matrimonio dell'ex partner diventa forzatamente più periferico". [40]

La possibilità di strutturare legami funzionali alla stabilità delle relazioni nel nucleo familiare, implica anche difficoltà iniziali di tale rapporto, per la mancanza di un ruolo definito come in contesti sociali come quello americano, in cui la sua esistenza è ormai abbastanza frequente: un ruolo predefinito potrebbe infatti, stare stretto ed essere mal accettato, ma sarebbe pur sempre un punto di riferimento per sentirsi ed essere sentiti a pieno titolo figure genitoriali.

Delle volte i messaggi rivolti ai nuovi genitori sono particolarmente contraddittori e tendono a farli agire, sia come genitori che come non genitori: non viene loro attribuito il compito di impostare globalmente l'educazione del bambino e di stabilire gli strumenti adatti per perseguirla, riservato ai suoi genitori biologici, ma contemporaneamente essi vengono riprovati se declinano la loro responsabilità di cura e di educazione del bambino o ragazzo nella vita quotidiana.

Ciò determina insicurezza e perplessità del nuovo venuto, nel tentativo di rapportarsi al figlio del partner e tali atteggiamenti sono accentuati da resistenze personali ad assumere una posizione definita, e quindi una identità di ruolo, nel nuovo nucleo, da reazioni dell'ambiente esterno, parenti, amici, e anche da difficoltà dello stesso genitore affidatario del figlio a cambiare un genitore a quest'ultimo.

---

[40] Dell'Antonio, *Il bambino conteso,* Ed. Giuffrè, Milano, p. 31.

Si spiegano così i frequenti tentativi di questi nuovi genitori, di prefiggersi un ruolo nei confronti del figlio del partner e di cercare di giocarlo comunque, anche se incontrano difficoltà a farlo o se si rendono, anche solo parzialmente conto che ciò crea problemi nell'ambito familiare. "Sembra che siano soprattutto le donne a cercare di definire il loro ruolo e la Draughon evidenzia come esse si conformino solitamente a tre modelli: "la madre", l'altra madre", "l'amica".

Pur tenendo presente che ogni situazione è particolare e che la validità di questi modelli non può essere pre-stabilita, essa sostiene che il primo, spesso proposto per esigenze di maternità, ha probabilità di essere accettato e di permettere un rapporto buono, e funzionale con il bambino solo se questo è molto piccolo ed ha avuto una madre particolarmente trascurante.

Anche il secondo modello tuttavia non sembra portare a rapporti proficui, mentre il terzo invece sembra dare frutti migliori". [41]

Il ruolo di madre, non comporta problemi di conflittualità tra gli adulti né problematiche personali di appartenenza o di tradimento nei figli, sia se la madre è ancora per loro figura significativa sia se essa è stata ed è ancora con loro trascurante.

Mentre il ruolo di amica è solitamente il meno assunto, sia perché più difficile nei confronti di un bambino o ragazzo, sia perché meno sollecitato dalla situazione sociale dato che l'affido del padre, infrequente soprattutto in Italia, richiama immagini di trascuratezza e d'incapacità educativa della madre. Meno definibili sembrano essere invece, anche se più indagati per la frequenza con cui i figli sono affidati alle madri, i ruoli educativi che si prefiggono i partners di queste ultime.

Ciò potrebbe essere ricondotto almeno in parte, anche al fatto che in questo momento il ruolo del padre, nell'allevamento dei figli è vario e che esso non è ben definito nemmeno nelle attese sociali.

Essi comunque, non sembrano solitamente portati a sostituirsi al padre ma piuttosto a ritagliarsi ruoli allevati circoscritti, come per esempio dispensatori di affetto o di norme, assumendo quelle funzioni

---

[41] *Ibidem*, p. 32 - 33.

che ritengono siano mancate o siano stati scarsamente svolti dal padre biologico, anche in conformità a ciò che è loro riferito dalla partner.

D'altra parte anche i figli che sono rimasti con un genitore dopo la separazione, spesso hanno atteggiamenti complessi verso il nuovo compagno di quest'ultimo e sono condizionati nei comportamenti, e nelle attese che sviluppano nei suoi confronti dal loro rapporto con i genitori.

Così alcuni bambini possono accettarlo ed anche desideralo, perché hanno bisogno di un appoggio, e di una comprensione che non riescono a ricevere né dal genitore lontano, non presente nella quotidianità, né da quello con cui vivono, se la situazione di crisi emotiva di quest'ultimo è ancora intensa e tale da concentrare ogni sua energia psichica.

Altri invece, indotti in precedenza dallo stesso genitore affidatario e stabilire con lui un legame di marcata interdipendenza, per fronteggiare la perdita dovuta all'allontanamento di un genitore, lo possono rifiutare perché lo sentono competitivo e vincente, in un simile rapporto e temono di conseguenza di perdere anche il genitore rimasto con loro.

Altri ancora non tollerano che il nuovo venuto occupi il posto di chi se né è andato, sia se il rapporto con questo è ancora buono sia se essi hanno affrontato il lutto della separazione dei genitori, solo con fantasie di una loro riconciliazione: in quest'ultimo caso anzi le difficoltà ad accettare il cambiamento nelle relazioni nell'ambito del nucleo familiare, può essere anche maggiore perché tali fantasie non possono essere più sostenute e conducono ad altre crisi e altro lutto, per la perdita dell'immagine interna della relazione di genitori.

I figli infine, possono anche mettere in atto nei confronti del nuovo venuto atteggiamenti di ostentata indifferenza o di provocazione, spesso con forme anche poco velate ricevendo altrettanto delle risposte inadeguate.

Problematiche dei figli e stati di conflitto dei nuovi genitori, possono così spiegare quelle difficoltà iniziali di rapporti reciproci che si riscontrano spesso e che se non sono superate, sono destinate non solo a durare ma anche ad accentuarsi.

Questo anche perché le relazioni dei bambini, possono essere mal decodificate dagli adulti e suscitare incomprensioni, e successive tensioni.

Sono da considerare infine anche le difficoltà d'interazione familiare che possono scaturire da problematiche dei nuovi coniugi, connesse con l'esperienza di fallimento coniugale dell'uno o di ambedue: possono, infatti, ritenersi poco capaci di comporre una relazione familiare soddisfacente per tutti.

"Questi timori possono essere anche mascherati, evitando situazioni di contrasto e giungendo quindi a forme di "pseudoaccordo", basate sulla negazione di ogni sentimento ostile tra i membri della famiglia o comunque sull'esclusione di ogni sua manifestazione diretta, coinvolgendo anche il figlio in questo gioco.

È comprensibile come queste difese, possono dare adito a situazioni non solo precarie ma anche a rischio per i figli: richiedendo a tutti una fedeltà ma anche una continua attenzione alla fedeltà degli altri, bambini e ragazzi vengono infatti più o meno ostacolati a sviluppare posizioni autonome ed a manifestare qualsiasi forma di dissenso".[42]

Nuovi problemi possono esistere per la vita del nuovo nucleo dalla presenza di figli di ambedue i coniugi, dando inizio nei singoli bambini o ragazzi a sospetti di preferenze, ingiustizie, ostilità, anche in rapporto ai timori con cui essi si sono inseriti nel nuovo nucleo e che richiede un equilibrio non facile di disponibilità, e richieste da parte degli adulti.

Importante diventa, per queste nuove famiglie, la comunicazione, condividere un unico modo di comunicare, informazioni, richieste, ordini, critiche, capirsi rapidamente e soprattutto comprendere i messaggi trasmessi dall'altro.

Apprendere e comunicare i propri sentimenti, i comportamenti, sono condizioni importanti per la costruzione di una buona rete di relazioni nel nuovo sistema familiare.

"Tutto ciò rende ben evidente e comprensibile l'opportunità che, dopo un divorzio, la scelta di creare una nuova famiglia, sia realizzata solo quando esiste una ragionevole garanzia di avere risolto in misura sufficiente i nodi emotivi derivanti dalle precedenti esperienze e aver

---

[42] *Ibidem,* p. 35.

verificato che tutte le persone coinvolte siano in grado di affrontare la nuova realtà di vita senza un carico eccessivo di disagio o di angoscia". [43]

Tutte queste difficoltà vengono pian piano superate se gli adulti hanno una sufficiente fiducia in se stessi e negli altri, e sono disponibili a processi di cambiamento, riuscendo ad assumere ruoli tali da poter essere rimodellati in base alle circostanze, alle reazioni e alle problematiche personali e degli altri, coinvolti nella costruzione del nuovo nucleo.

Sicuramente è indispensabile, un certo periodo, ma anche la capacità di tutti gli adulti coinvolti negli eventi, anche il genitore affidatario, di riorganizzarsi a livelli personali e relazionali, e di tollerare in sé e negli altri momenti in parte lunghi di disorganizzazione e di crisi, perché anche la nuova famiglia, se pur non caratterizzata da litigi e incomprensioni come la precedente e quindi potenzialmente più costruttiva per i figli, può essere danneggiante per la loro crescita.

---

[43] Abignente, *Le radici e le ali,* Ed. Liguori, Napoli 2002, p. 298.

Capitolo terzo

I FIGLI

1. *Il desiderio di un bambino*

Nel lungo processo del divorzio, i figli possono essere trascurati, amati, o anche rifiutati, essi possono suscitare sentimenti ambivalenti e diversi, se poi ci sono più figli, possono essere trattati in maniera diversa.

Spesso però al momento della separazione essi sono contesi dai due coniugi che tendono ad averli con sé, o dalla loro parte, ed ad ostacolare il rapporto del coniuge con loro.

Importante, è capire i motivi di questa contesa, ed interrogarsi sul perché due coniugi desiderano avere dei figli.

"Appare scontato che due persone sposate vogliono avere dei figli, infatti, si pone sempre loro la domanda di quanti figli vogliono avere, oppure se vogliono avere bambini.

Suscita meraviglia, se non sdegno una dichiarazione di rifiuto di maternità o di paternità da parte di persone sposate".[44] Per secoli, infatti, la maternità è stata considerata come la sua realizzazione più autentica e poiché non era ritenuta moralmente lecita la procreazione fuori del matrimonio, si è aspettato che la donna si sposasse per avere bambini. Per la verità, l'atteggiamento verso la donna è stato per secoli e forse lo è ancora in parte, ancora più complesso: essa è stata educata a sentire non necessaria, la soddisfazione sessuale e a soddisfare per dovere coniugale le esigenze sessuali dell'uomo.

Così certe donne si sposavano soprattutto per avere bambini.

---

[44] Busfield - Baruffi, *Il desiderio di maternità. Ideologie e riproduzioni*, Ed. Boringhieri, Torino, 1979.

La procreazione poteva essere sentita come necessità biologica, istintiva, d'ogni donna e doveva essere considerata per lo meno strana la donna che non voleva avere dei figli.

All'uomo invece, non era attribuita la necessità di averli per realizzarsi pienamente.

Il desiderarli era attribuito e lo è ancora oggi, alla possibilità di avere per mezzo loro un riconoscimento sociale della virilità e delle sue capacità di avere una famiglia propria.

Ancora oggi è considerata famiglia, l'unione di un uomo e una donna, con i loro figli, mentre non lo è il nucleo composto solo dalla coppia o da un solo genitore con i suoi figli.

Questa definizione tra un uomo e una donna nel desiderio di un figlio, è stata definita dalle ricerche degli psicanalisti, essi affermavano che le bambine già piccole elaboravano fantasie di gravidanza e parto conseguenti all'invidia di un pene non posseduto, ritenendo possibile sostituirlo proprio con un bambino.

Veniva anche mostrato come l'attaccamento alla madre fosse fondamentale nei primi anni, per permettere un corretto sviluppo psicologico e se ne deduceva che il rapporto madre – bambino, nei primi anni era insostituibile.

L'istinto materno diventa il mezzo utilizzato dalla natura per garantire questo legame.

"Negli anni 50, ulteriori scoperte evidenziano, come le fantasie di avere un bambino sono presenti nella bambina prima che essa sviluppi l'invidia per il genitale maschile e le fantasie di ricerca di un oggetto che lo sostituisca, e come anche i maschietti sviluppano nei primi anni desideri di avere un bambino.

Questi desideri nel maschio, sono attribuiti dalla Jacobson, a difese contro il timore d'abbandono da parte della madre, come quando nasce un fratellino, ma ritenuti, ancora tipicamente femminili, sono stati accettati solo se transitori". [45]

Quasi contemporaneamente, la Kestenberg, mostrava come il desiderio di un bambino sia presente in ogni bambino piccolo, maschio

---

[45] JacoBson - Baruffi, *Il desiderio di maternità. Sullo sviluppo del desiderio di un bambino maschio,* Ed. Boringhieri, Torino 1979.

e femmina, in età precocissima, nell'ambito della primitiva identificazione con la madre, primo oggetto d'amore.

"Questi desideri, che permangono nelle età successive, determinano il desiderio del figlio, sia nella donna sia nell'uomo". [46]

Si veniva costatando che il bambino piccolissimo, riesce a stabilire il legame affettivo esclusivo di cui ha bisogno anche con il padre, che può diventare oggetto d'amore e d'identificazione principale.

L'esistenza di uno specifico istinto materno è stata in ogni modo sostenuta, da chi ha considerato il particolare rapporto madre – bambino alla nascita: esiste, infatti, un periodo breve in cui la madre sembra in grado di prestare al bambino un'attenzione particolare e di interpretarne ogni necessità più di qualsiasi altra persona.

"Quest'empatia della madre alla nascita del figlio, è stata spiegata dalla Biring, non con fattori biologici, ma con motivi psicologici: la madre capisce di più il suo neonato perché non è ancora staccata psicologicamente da lui e non è tanto disponibile al figlio sentito come altro, ma al figlio sentito come parte di sé.

Ciò perché non si è ancora compiuto in lei quel processo che porta a sentire il bambino da una parte di sé, come all'inizio della gravidanza, a persona psicologicamente distaccata, che può avvenire con molta lentezza anche durante la vita del bambino, in stretto rapporto con le caratteristiche di personalità della madre stessa". [47]

L'istinto materno, sarebbe quindi una disponibilità senza basi biologiche ma solo con radici psicologiche e varierebbe pertanto da donna a donna, in base ad esigenze che si sono venute sviluppando in lei, e alle caratteristiche della sua personalità come si è venuta componendo fin dalla prima infanzia.

Un cambiamento dei ritmi e dei modi della vita familiare, in base alle nuove esigenze sociali e al lavoro della donna, hanno portato ad una rielaborazione del concetto d'istinto materno, di desiderio di maternità e di paternità, anche nell'ambito delle credenze comuni.

---

[46] Kestenberg - Bariffi, *Il desiderio di maternità. Sullo sviluppo del sentimento materno nell'infanzia*, Ed. Boringhieri, Torino 1979.

[47] Biring, *Qualche considerazione sulla psicoanalisi familiare. Studi di bambini*, 1959, p. 113-121.

La necessità che l'uomo stia con i suoi bambini per permettere il lavoro della donna o per farla riposare dalla stanchezza del doppio lavoro, di madre e di casalinga, ha permesso l'emergere nei padri di desideri di maternità nei confronti del figlio piccolo che in passato probabilmente erano negati o nascosti, perché ritenuti femminili e anomali per un maschio.

Questi cambiamenti sociali, hanno portato a considerare più attentamente il desiderio di maternità e la disponibilità ad essa della donna, evidenziando che elementi esterni e situazioni ambientali diverse, sono in rapporto con il desiderio d'avere bambini.

Pressioni esterne contribuiscono a volerli maggiormente, come quando la mortalità era alta o anche situazioni culturali, ad esempio la donna sterile nell'antica Palestina, o a non desiderarli, come quando ci sono problemi economici, in certe zone anche in Italia l'avere più di due figli è considerato negativamente.

In pratica, se da una parte non si è giunti alla definizione di paternità nell'uomo, dall'altra si va delineando lo stereotipo di un bisogno biologico di maternità nella donna, per lei così importante da mettere in dubbio la maturità femminile se non viene soddisfatto.

Le motivazioni della maternità, non sono solo associate alla spinta sociale, ma derivano da motivazioni personali, che vengono magari sostenute e rafforzate dall'ambiente.

Chiarire la distinzione di avere un bambino, per il valore del bambino in sé, per aver generato un bambino, o per le relazioni sociali che provoca, sono punti essenziali della valutazione della contesa dei figli nella crisi coniugale.

"Un'interessante ricerca di Flapan, sulle motivazioni espresse da 82 donne in gravidanza mette in evidenza molti significati che vengono dati al bambino che si aspetta e che determinano il desiderio di averlo, ma anche il timore di averlo e il timore di averlo diverso da quello desiderato.

Pur essendo stato condotto solo con le future madri, esso rispecchia anche l'atteggiamento di molti padri verso gli eventuali figli". [48]

---

[48] Flapan - Baruffi, *Il desiderio di maternità. Paradigma per l'analisi delle motivazioni riproduttive in un campione di donne sposate,* Ed. Boringhieri, Torino 1979.

Da questa ricerca è emerso che ancora oggi, molte donne desiderano un figlio per definire la propria identità, l'essere simili ad altre e il sentire la maternità come unica possibilità di autentica realizzazione.

Ma a questi motivi, possiamo aggiungere analoghe motivazioni nell'uomo, soprattutto quando la sua situazione socio lavorativa è tale da non permettergli un'affermazione all'esterno della famiglia.

A questi desideri, possono legarsi anche quelli di molti uomini di continuare se stessi e le proprie opere nei figli, di far seguire al figlio le proprie orme, di trasmettergli il proprio modo di vedere le cose e di gestirle.

Vi sono donne e uomini, che vogliono il bambino non tanto per sé, quanto per farne dono ad altri, al coniuge o anche ai nonni.

Questa motivazione appare legata ad una ricerca di identità o di appartenenza ad un nucleo familiare, proprio o di origine, ancora indifferenziato, ma in questi casi, il bambino non viene desiderato per quello che è, e neanche per quello che può significare per il genitore, collocandosi nel desiderio di un altro che viene passivamente assecondato.

"Altri desideri di maternità e paternità, sembrano riflettere tendenze ad identificarsi con il bambino e a sentirlo quasi un prolungamento di sé, nello spazio e nel tempo, tendenze che in qualche caso portano a rifiutare il figlio per timore che in esso si manifestano le parti del sé, considerate cattive o comunque non stimabili". [49]

Collegati con tendenze identificatorie possono essere considerati anche il desiderio di maternità e paternità, vissuti come garanzia della propria capacità di genitore, esso scaturisce solitamente dall'esigenza di confrontarsi con i propri genitori, di identificarsi con loro o anche di assumere un ruolo genitoriale diverso da quello da loro svolto, ma che corrisponde al ruolo che si avrebbe desiderato fosse stato da loro svolto.

"In questi casi, che implicano processi molto primitivi nell'accostamento alla realtà, come l'identificazione e la proiezione, è difficile dire fino a che punto maternità e paternità, sono ricercate, ed è

---

[49] *Ibidem,* p. 40.

difficile pronosticare se si tradurranno in una effettiva disponibilità verso il figlio.

L'atteggiamento di tali persone verso i figli rimane infatti, condizionato dal modo in cui le relazioni con il figlio si andranno sviluppando, dalle cose che si desidera accadano e che non sempre accadono". [50]

Il bambino quindi, non è desiderato per quello che è ma per quello che rappresenta e pertanto sarà accettato nella misura in cui corrisponderà all'immagine di figlio, che è funzionale alle esigenze di conferma dei genitori.

Altre volte il bambino può essere desiderato perché si ritiene che possa rendere più interessante e piena la vita che si sta vivendo, soprattutto quando vi sono momenti di vuoto affettivo e di mancanza di comunicazione nella coppia o nel contesto ambientale in generale.

Allora spesso il bambino è desiderato, come sostituto di un altro e ci si aspetta che dia quello che l'altro non dà, e accetti quello che l'altro non sembra accettare.

Ci si aspetta un partner docile, un compagno di ore vuote, che non contrasta, perché non è in grado di farlo, la definizione del rapporto che il genitore intende dare anche per rassicurare se stesso.

Vi è una tendenza a radicalizzare la dipendenza del figlio, mentre l'accettazione del figlio decade quando questo tenderà a gestirsi anche in minima parte da solo.

La possibilità di gestire l'altro è collegata anche con il senso della propria identità e quindi con la possibilità di tracciare autonomamente le competenze proprie e degli altri, e con problemi di identificazione, il bambino dipendente permette di essere gestito come una parte del genitore.

Queste motivazioni al desiderio di un bambino sono molto frequenti, in pratica, appare utopia il credere che si possa desiderare un bambino solo per essergli utile alla crescita.

Realisticamente possiamo dire che nel desiderio di avere un bambino, intervengono varie motivazioni personali che possono essere considerate egoistiche e che solo dopo la sua nascita, quando può essere visto come persona, l'atteggiamento nei suoi confronti può

---

[50] *Ibidem*, p. 41.

diventare, ma non accade automaticamente più realistico e ciò dipende dal posto che viene assegnato, o lasciato al bambino nella famiglia in cui nasce.

2. Il bambino nella famiglia

Ogni individuo ha nella sua famiglia uno spazio psicologico garantito da regole accettate da tutti, derivato da una ricerca di equilibrio tra le esigenze dei singoli e le attese reciproche, e nella loro definizione la partecipazione di ognuno è diversa, in base alle singole capacità di gestire le situazioni e le esperienze personali.

Alla nascita di un bambino, l'equilibrio così costituito si altera e si crea la condizione per una definizione nuova di regole e di spazi, ma già durante la sua gestazione si spostano quantità più o meno notevoli di attenzione e di energia, creando per lui non solo un posto fisico ma anche un posto psicologico nell'interazione familiare.

Queste attenzioni sono più evidenti alla nascita del primo figlio, anche se i bambini successivi determinano squilibri per le diverse posizioni dei membri già esistenti e la comparsa di un posto più articolato tra di loro, modificando inevitabilmente la vita di coppia.

In essa infatti, si inserisce un membro molto diverso nelle sue esigenze e nelle sue modalità comunicative, ma ognuno dei due coniugi può spostare su di lui un certo numero di aspettative prima rivolte all'altro.

Quindi non può essere gradito all'altro, specie se cure e richieste venivano vissute come limitanti, ma può essere anche gradito.

"Il nuovo nato mette in moto così un processo che richiede una accettazione di nuove interazioni da parte dei due coniugi quindi anche un aggiustamento reciproco delle rispettive definizioni.

Nella famiglia si va delineando il posto dei singoli fino a raggiungere una nuova condizione di equilibrio, attraverso un gioco di progressive accettazioni e rifiuti di definizioni di sé o dell'altro".[51]

Anche il bambino è membro della famiglia, ma la sua posizione è sostanzialmente diversa, egli non è in grado di proporre esigenze e di formulare attese nei confronti degli altri, e gli altri solitamente si

---

[51] Scabini, *L'organizzazione della famiglia tra crisi e sviluppo*, Ed. Angeli, Milano1986.

comportano con lui non tanto in conformità a ciò che egli chiede, ma secondo quello che essi ritengono sia il suo bisogno.

Può succedere così che i genitori gli attribuiscono bisogni, richiamandosi alla loro esperienza precedente o a loro conoscenze dedotte dalla tradizione, o da letture fatte, ma possono riferirsi anche alla loro esperienza personale, a ciò che ricordano di essa e quindi non raramente ai bisogni che non hanno sentito soddisfatti, nel loro nucleo familiare di origine.

Soprattutto in questo caso, i ricordi possono essere distorti perché non prescindono dagli stati d'animo che a essi erano collegati, e può esservi un modo soggettivo di valutare il bisogno del figlio, rilevando diverse interpretazioni tra i due genitori.

"Altre volte invece il genitore continua sul figlio la proiezione di sé che aveva messo in atto nell'immaginarlo e nel desiderarlo e gli attribuisce quindi i suoi attuali bisogni.

In questo assume una parte importante come egli non è stato in grado di farlo, tanto minore sarà lo spazio che lascia al figlio per muoversi ed esprimersi secondo le sue personali esigenze". [52]

Ci sono anche genitori che hanno bisogni così impellenti ancora da soddisfare che non riescono ad accorgersi dei bisogni dei figli, né vengono stimolati dalle circostanze o dal contesto sociale; sono per esempio i casi in cui il bambino di pochi anni non viene considerato come persona e gli si attribuisce solo il bisogno di essere accudito materialmente.

Tra questi si possono collocare i sempre più frequenti casi di bambini che sono vestiti e imboccati per anni, per fare più in fretta senza tener conto di quanto importante per il loro sviluppo possa essere sia il potere gestire il proprio tempo sia il costatare la propria capacità di fare da soli.

La credenza che il padre acquisisce significato per il bambino dopo alcuni anni, quando vi può essere una comunicazione verbale e gli può essere insegnato come comportarsi nella vita: è invece abbastanza comprensibile che il bambino, non può non accorgersi che con lui vive un essere che non lo cura e che non lo considera parte del suo mondo, e che quindi lo esclude dai suoi interessi.

---

[52] *Ibidem*, p. 8.

O la credenza altrettanto diffusa che il bambino piccolo si adatti facilmente a tutte le situazioni, che abbia sentimenti superficiali e fugaci, di cui non occorre pertanto tener conto, credenza che porta i genitori a mutamenti anche notevoli per il bambino di abitudini o di rapporti, prevalentemente, in base alle proprie esigenze.

Ma esiste anche la convinzione di esperti come pediatri che hanno una visione dell'allevamento dei bambini, che questi crescono bene se non sono viziati, cioè cullati, tenuti in braccio, calmati se piangono e così via.

Questa proposta di non rapporto con il bambino sul piano della rassicurazione e dell'affetto, può essere compresa e utilizzata da genitori che hanno già un'idea simile dell'allevamento del figlio, ma non raramente è accolta, anche da genitori che tenderebbero a comportarsi differentemente.

Lo spazio che ha il bambino piccolo in famiglia, proprio nel momento in cui per la sua età è meno in grado di definirlo personalmente, dipende non tanto da lui ma da coloro che lo circondano: dalla loro sensibilità, dalla loro disponibilità e dalle loro stesse esigenze.

Bisogna considerare che questo è il momento in cui il bambino avrebbe maggiormente bisogno di essere sentito come membro della famiglia, con le stesse possibilità degli altri di sviluppare le proprie potenzialità, sia perché in questo periodo egli non è in grado di sviluppare se non aiutato da chi gli è vicino, sia perché il suo primo modo di percepire la propria realtà e di agire in essa condiziona i successivi.

Gli stessi genitori, se non considerano persona a tutti gli effetti il figlio nei primi anni, avranno difficoltà a considerarlo tale in seguito e a trovargli quel posto che richiede una revisione del posto degli altri, perché ciò non è semplice quando una ristrutturazione è già avvenuta alla sua comparsa.

Il far posto a un bambino che cresce, richiede molta più disponibilità al cambiamento, che non il far posto a una persona adulta e alle sue esigenze.

L'accomodamento reciproco tra adulti, e in particolare tra i coniugi, che permette un rapporto funzionale, avviene tra persone che hanno raggiunto una certa stabilità nelle proprie esigenze e quindi nelle reciproche attese, infatti, legami coniugali tra persone molto giovani o relativamente immature, che non hanno raggiunto una sufficiente stabilità di valori e di attese, sono spesso soggetti a crisi e a deterioramento.

Il bambino, caratterizzato da un processo di crescita in alcuni momenti molto rapidi, come nei primi anni o nell'adolescenza, muta con il passar degli anni le sue esigenze e quindi anche le attese nei confronti degli altri.

Il posto di cui ha bisogno, non ha confini fissi e immutabili nel tempo: egli deve trovare nei genitori una disponibilità non solo ad accettare, ma anche a favorire il suo cambiamento e il mutamento delle relazioni che esso comporta.

Può essere difficile per i genitori che vivono ogni cambiamento della loro vita, come momento di crisi della loro stessa identità e di perdita di punti di riferimento vitali, e che tendono pertanto a opporre resistenze a ogni cambiamento delle relazioni con il figlio.

Allora rigide regole in tali relazioni, che non modificano con il passare degli anni, intrappolano il figlio anziché aiutarlo a crescere ed è il caso di genitori che nascondono con l'autoritarismo, e con la cosiddetta fermezza di principi, la loro insicurezza e la loro incapacità a gestire la situazione se non rifacendosi a schemi precostituiti dall'educazione ricevuta o dall'opinione pubblica.

Un ultimo aspetto va tenuto presente nel considerare la disponibilità dei genitori a permettere uno spazio di crescita al figlio, ovvero la loro capacità di percepire gli altri, se stessi, come persone separate.

Genitori che, hanno cercato di riproporre nel nucleo familiare che hanno costituito, i modelli e i fantasmi d'origine, tendendo ad inserire anche il nuovo venuto in tale gioco di proiezioni e identificazioni.
Il bambino, può allora diventare il fantasma di un altro e il rapporto con lui fa rivivere quello avuto con un genitore o con un fratello, mentre sono trascurate le reali caratteristiche psicologiche del figlio.

Il sesso del bambino, le sue caratteristiche somatiche o essenziali possono favorire questa sovrapposizione, avendo come risultato un bambino che assume agli occhi del genitore un ruolo e un posto che sono stati di altri, cioè non suo.

"Altre volte il genitore continua sul bambino la proiezione di sé che aveva messo in atto nella sua attesa e allora è determinante se il bambino personifica la parte buona o quella cattiva di sé che il genitore gli attribuisce.

La proiezione di una parte buona porta, infatti, all'accettazione del bambino e delle esigenze che esprime e quindi all'accordargli uno spazio personale di sviluppo piuttosto ampio.

Il contrario invece avviene se nel bambino si vedono rispecchiate caratteristiche proprie non accettate, aspetti fisici o psichici che hanno determinato in passato difficoltà di rapporto con altri, soprattutto con persone da cui si aspettava un appoggio che non è venuto, anche se ciò in realtà era dovuto ad altri motivi". [53]

Nell'accettazione del bambino può avere notevole importanza anche il suo sesso, infatti, padri e madri possono essersi accettati o meno come uomo e donna, o possono avere verso il proprio sesso o quello del partner, un atteggiamento ambivalente. Infine genitori che non sono riusciti a superare un conflitto, tra la possibilità di sentirsi qualcuno realizzandosi autonomamente e la necessità di approvazione da parte degli altri, per garantirsi un senso rassicurante di appartenenza, rivivono il problema nel rapporto con il figlio che cresce.

"Ogni uomo ha momenti in cui cerca di realizzarsi e momenti in cui tende prevalentemente a cercare l'approvazione delle persone per lui significative anche a scapito della propria affermazione.

Nel bambino questo processo di individuazione quindi di separazione dagli altri e di riavvicinamento e quasi fusione al genitore, per sentirsi rassicurato e protetto, è molto intenso ed a ritmi ravvicinati". [54]

Lasciare al bambino un adeguato spazio per crescere significa essere disponibili anche a questi momenti, ma questo non avviene sempre facilmente, in quanto esistono genitori che tendono ad accentuare il carattere protettivo del legame con il figlio e non riescono a tollerare non solo, che prenda decisioni da solo, ma nemmeno che abbia esperienze personali diverse da quelle familiari.

Essi temono il suo distacco, perché nell'autonomia il figlio potrebbe rilevarsi diverso dall'immagine che essi si sono fatta di lui, in

---

[53] Richter, *Genitori, figli e nevrosi,* Ed. Formichiere, Milano, 1975.
[54] Mahler, *La nascita psicologica del bambino,* Ed. Boringhieri, Torino, 1978.

base alle loro esigenze ma anche in rapporto alla loro collocazione ancora relativamente indifferenziata in un *"io familiare"*, che non ammette deroghe per poter garantire loro stessi nella validità della loro posizione.

Vi sono genitori che vivono come un peso la presenza del figlio, ma soprattutto il suo rivolgersi a loro per avere affetto e protezione, bisognosi ancora essi di questo, si vedono legati ad un ruolo che considerano ancora loro e che propongono peraltro al partner, ma non sono capaci di dare al figlio quello che chiede.

L'ansia che deriva loro dal sentirsi impotenti e incapaci di assumere la funzione genitoriale, li porta a negare alcuni aspetti di essa e a richiedere al bambino un'eccessiva autonomia per la sua età.

Questo non aiuta il bambino nella sua crescita, evidenziando come anche questo sia la manifestazione di una difficoltà a tollerare il momento tra dipendenza e indipendenza, che caratterizza tutto il periodo evolutivo del figlio.

Possono anche esistere genitori che hanno timore dell'intimità che il bambino richiede implicitamente e a volte esplicitamente, perché questa forma di comunicazione richiama loro un'esigenza vissuta in modo frustrante durante l'infanzia, nel rifiuto o nell'incapacità del proprio genitore a fornire rassicurazione con tali modalità.

"Tolleranza all'autonomia o alla dipendenza dei figli rientrano peraltro di solito, in una simile forma di tolleranza nei confronti di tutti i membri del nucleo familiare : non è solo al bambino che viene concesso uno spazio più o meno largo per muoversi dalla fusione all'individuazione.

Nel bambino questo è più evidente e ha conseguenze più determinanti perché non gli permette una libera crescita". [55]

A questa difficoltà di tollerare il cambiamento, è probabilmente dovuto anche un fenomeno non frequente ed apparentemente contraddittorio, del mutare atteggiamento da parte dei genitori con la crescita del figlio. Alcuni per esempio, tollerano ed anzi favoriscono l'indipendenza del bambino finché questo è piccolo ma successivamente, cominciano a temere che ciò conduca alla sua perdita

---

[55] *Ibidem*, p. 19.

e si dimostrano allora intolleranti verso le manifestazioni di autonomia.

Sono spesso genitori che hanno sofferto per la rigidità educativa nella famiglia di origine, ma senza rendersene conto hanno mutato da essa gli schemi relazionali di base, riuscendo ad accettare manifestazioni autonome del figlio piccolo, che pur sempre è sostanzialmente dipendente dai genitori, ma non riescono ad accettare quando esse assumono le caratteristiche di un comportamento indipendente, richiamando in loro l'esigenza profonda e non più razionalmente controllata, di mantenere unita la famiglia o meglio la sua immagine, cui si riferiscono.

Molti genitori infine prestano cure al bambino in funzione del prestigio sociale che ne può derivare a loro; il figlio che è socialmente approvato per la sua nascita e per il suo conformarsi ai valori etico normativi della società cui appartiene, riflette approvazione su chi lo ha generato e allevato.

La cura esteriore del bambino dà prestigio alla madre ma anche al padre, che può dimostrare le sue capacità di provvedere a lui.

Il mostrarlo agli altri, il poterlo esibire, ma anche a se stessi, l'obbedienza e il rispetto che egli ha verso l'autorità paterna e materna, sono motivi che mettono il bambino al centro degli interessi dei genitori, dei loro discorsi e dei loro pensieri, ma ciò non vuol dire che questi bambini, abbiano un posto sufficiente in famiglia per crescere come individui e per realizzare un giorno, in base alle proprie esigenze e disposizioni personali.

Spesso il posto che è lasciato al bambino nella famiglia, è relativamente ristretto e può sembrare paradossale in una società che si dice profondamente interessata ai bambini.

Ma il bambino può essere visto in funzione di quello che è o in funzione di quello che rappresenta per gli altri e in questo caso, lo spazio che gli è concesso non può essere considerato suo. Possiamo infine dire che il posto che è dato o concesso al bambino nella sua famiglia è in stretta dipendenza con l'immagine di famiglia che condiziona la vita e la relazione dei coniugi.

3. *Il figlio nella crisi dei genitori*

Quando la famiglia è in un momento di crisi, per le tensioni nel rapporto di coppia tra i genitori, il posto del bambino è ulteriormente condizionato, infatti, le dinamiche dei genitori tendono a rimanere sempre in primo piano e gli interessi del bambino in secondo piano.

"Significativa è una ricerca di Zussman sull'attenzione che i genitori posti in una situazione di reciproca competizione, rivolgono verso i figli presenti alla prova.

Una tale prova, che limitata in breve tempo, è in grado di alterare il comportamento nei confronti dei figli dei coniugi che vi sottopongono: in particolare si nota una diminuzione di comportamenti positivi, come interazione, disponibilità e appoggio, verso i bambini più grandi e la comparsa verso i bambini di pochi anni di comportamenti negativi, interferenza nei loro procedimenti mentali, critiche e punizioni, pur rimanendo simile la frequenza degli interventi nei loro confronti". [56]

Se esiste una situazione di conflitto tra due coniugi, subentra anche la competitività e in tale situazione diminuisce l'accettazione del figlio, e la disponibilità a proteggerlo e a sostenerlo, anche se il tempo passato con lui è lo stesso di prima.

Di solito, in una situazione di crisi familiare, il bambino non è trascurato per le cure materiali, ma per il poco spazio dedicato per crescere in base alle sue esigenze psicologiche, con l'aumentare degli anni.

Mentre i genitori si preoccupano esclusivamente dei loro problemi, si riduce la possibilità del bambino di staccarsi da loro, di trovare autonomia e di cercare appoggio e conferma.

Questi comportamenti di genitori, sono sostenute dalla resistenza e rigidità, nel rapportarsi con la realtà e gli altri, poiché valutano come punto di riferimento la stabilità della famiglia e la relazione con il figlio, mentre tutto il resto muta.

Quando i genitori sono in conflitto tra loro, possono anche limitare lo spazio lasciato al figlio, dedicandosi a bisogni personali della realtà che vivono e al figlio che può aiutare a soddisfare.

---

[56] Dell'Antonio, *Il bambino conteso*, Ed. Giuffrè, Milano 1993, p. 51.

Maggiormente i genitori lo desiderano come tale e possono cercare di convincerlo per indurlo ad assumere il proprio punto di vista, e a considerare sbagliato quello dell'altro.

"Il genitore può per esempio sottolineare comportamenti scorretti, o giudicare male dell'altro, sia con parole, sia sottolineando le proprie reazioni ad esso.

Oppure può mettere in evidenza la propria validità o la propria disponibilità al bambino, confrontando una disponibilità minore del coniuge.

Può accentuare comportamenti di permissività o di seduzione verso il figlio, con lo scopo di accattivarsi la preferenza, oppure può far rilevare al figlio, in una sequenza di eventi della dinamica familiare che si susseguono e si auto-determinano a vicenda, un nesso di causa ed effetto a proprio vantaggio, come per esempio *"strillo perché papà esce sempre"*, potrebbe anche essere interpretato *"esco perché mamma strilla sempre"*, senza che si possa in effetti definire chi dei due ha ragione".[57]

Entrambi i genitori possono influire sul figlio costringendolo ad accantonare le sue richieste nei loro confronti, immischiando il bambino nei problemi e costringendolo a fare una scelta, da quale parte stare, perché la scelta di un genitore, comporta la perdita di un altro e questo per il bambino è sicuramente fonte di ansia e tensioni.

Ma anche nel periodo precedente alla separazione, il bambino può essere coinvolto nelle problematiche di ruolo genitoriale che i coniugi sviluppano, portando delle conseguenze sul bambino.

Quando un coniuge si sente in crisi, può perdere la fiducia in se stesso e nelle sue possibilità a risolvere la situazione, cercando appoggio e approvazione nell'ambiente che lo circonda, il figlio può essere utilizzato per provare agli altri che si è un buon genitore e che si comporta meglio dell'altro.

È importante dedurre la validità delle cure materiali rivolte al figlio, che indipendentemente dalla qualità, tendono ad aumentare, anche quando il bimbo crescendo, avrebbe bisogno di meno protettività.

Altre forme di cura, come la limitazione a uscire da solo, la proibizione di giocare con i coetanei, la capacità di accudirsi da solo,

---

[57] watzlawick, *Pragmatica della comunicazione umana,* Ed. Astrolabio, Roma, 1971.

fanno risaltare l'indispensabilità del genitore e la sua dedizione al bambino.

Si assiste a un fare tra coniugi, che rinfacciano trascuratezze reciproche e all'incapacità del bambino di gestirsi da solo.

Questa dipendenza è gratificante che possa dimostrare la sua validità, mentre il figlio ubbidiente è la prova delle capacità pedagogiche del genitore.

Tali comportamenti, non riescono se il bambino è grande, ma se il genitore riesce a mantenere un rapporto di dipendenza e di appoggio nei riguardi del figlio, lo lega al suo fantasma familiare, usando il bambino per difendersi, salvaguardando la propria immagine di sé, attraverso il figlio.

Un'altra manovra frequente è quella di qualche genitore, di proiettare sul figlio i propri bisogni insoddisfatti, i sentimenti, il loro bisogno di protezione, anche se il bambino è piccolo.

Vedendo il comportamento di un *partner* che preferisce il rapporto con il bambino, per convinzione personale o per contraddizione, interpreta nella sua autonomia, l'incapacità pedagogica.

Genitori, che proiettano nel bambino la loro insoddisfazione nei confronti del coniuge, possono interpretare eventuali difficoltà di comunicazione del bambino con lui e trovarne motivo per sostenere la non validità di tale rapporto,piuttosto che la necessità di favorirlo.

Altri possono attribuire al figlio il loro stesso modo di percepire e valutare lo stato di conflitto che ha sviluppato con il coniuge, e possono dare per scontato nel figlio giudizi negativi su di lui, ma possono anche attribuire al bambino il loro desiderio di mantenere ancora unita la famiglia e interpretare di conseguenza le sue reazioni di ansia e di smarrimento di fonte allo stato di separazione.

Oltre alla proiezione di parti di sé, il genitore dall'ansia che deriva dal deterioramento del suo rapporto con il coniuge, identifica il figlio con il partner che sta perdendo o con quello che egli desidera avere.

"Questo procedimento interferisce pesantemente nello sviluppo del bambino: su di lui vengono spostati interessi e affetti ma gli viene anche chiesta una disponibilità totale al nuovo rapporto, e quella fedeltà che è sentita ancora più necessaria e urgente in seguito al fallimento dell'unione coniugale".[58]

Al bambino – partner è così concessa ogni attenzione e ciò lega il bambino ad un rapporto gratificante, ma viene anche posto in un ruolo fisso, che non gli appartiene e che non gli può appartenere.

"Naturalmente entrambi i genitori possono mettere in atto tali meccanismi difensivi e allora le loro interpretazioni delle aspettative e dei vissuti del figlio diventano sempre meno simili e conciliabili tra loro.

Essi inoltre possono sempre meno discutere tra loro di queste cose con riferimenti concreti, perché il dar ragione all'altro, significa ormai perdere qualcosa di se stessi.

Ciò è fonte di ulteriori tensioni e litigi ma anche di messaggi contraddittori al figlio, che si trova spesso inserito in due sistemi educativi tra loro contrastanti e tali da sconcertarli anche perché lontani di solito dalle sue effettive esigenze e potenzialità". [59]

Entrambi i coniugi credono che non ci sia altro modo di trattare il bambino, diverso da quello che essi mettono in atto, ognuno di loro pensa di essere un buon genitore e se l'altro non si adegua alla sua linea educativa è inevitabilmente un genitore incapace.

In pratica, spesso il figlio è conteso aspramente da genitori che cercano non tanto di garantirgli uno spazio personale e differenziato, quanto piuttosto di inserirlo nel loro spazio.

Ed è comprensibile che i genitori, al momento di separarsi, abbiano notevoli difficoltà a lasciare che il figlio rimanga con il partner o che pur accettando formalmente di non vivere con il figlio, pongano poi notevoli ostacoli e resistenze all'attuazione concreta di un progetto precedentemente concordato.

Questo avviene soprattutto nei casi in cui i coniugi manifestano un grado di conflittualità notevole, anche dopo la separazione e giungono con molta difficoltà ad un effettivo divorzio psichico.

L'intensità della crisi d'identità e la resistenza al cambiamento nella relazione con il partner o con il figlio, sono, infatti, strettamente collegata quella difficoltà a vedere se stessi e gli altri come persone differenziate, che determina il bisogno di non perdere né l'uno né l'altro.

---

[58] *Ibidem*, p. 54.
[59] *Ibidem*, p. 55.

Delle volte, uno dei due genitori che non volendo giungere alla separazione desiderata dall'altro, utilizzata la minaccia di un allontanamento definitivo del figlio per dissuadere l'altro dalle sue interazioni e non pochi matrimoni in cui non vi è più possibilità di scambi positivi di crescita personale, si reggono su tale forma di ricatto, dove il figlio viene coinvolto nella contesa dei genitori ma anche direttamente utilizzato in essa.

Attraverso il bambino, possono essere mandati messaggi chiari, come commenti e giudizi espressi in sua presenza che si sperano siano riferiti, ma anche messaggi più oscuri che devono essere decodificati dal coniuge e che questo non sempre interpreta secondo le intenzioni dell'altro, come l'approvazione o disapprovazione di atteggiamenti educativi, o un diverso modo di allevare o accudire il figlio.

Uno o entrambi i genitori, possono così sviluppare verso il bambino comportamenti che sono collegati non tanto con una precisa ottica educativa o per la valutazione dei suoi bisogni, quanto piuttosto per il desiderio di definire i propri spazi e il proprio potere nell'ambito della famiglia.

Una strumentalizzazione del figlio è anche evidente, nella richiesta che i genitori in crisi coniugale gli fanno, di informarli sul comportamento e sulle opinioni dell'altro coniuge.

Soprattutto dopo la separazione, quando il genitore non è ancora riuscito a superare la sua crisi personale e il sapere cosa fa, e pensa l'altro è ancora determinante per la sua identità.

Quando l'altro instaura una nuova relazione sentimentale, la richiesta d'informazioni, diventa indispensabile, è comunque fatta al figlio, per quanto riguarda altri adulti che hanno acquisito un ruolo nei suoi confronti: nonni, parenti, amici dell'altro genitore. È difficile per un bambino, come del resto per un adulto, stabilire rapporti costruttivi e gratificanti con coloro su cui si deve indagare per mantenere un rapporto soddisfacente con un genitore, ma la sua posizione è resa ancor più difficile dal fatto che la sua funzione di detectiv, altera i rapporti che ambedue i genitori hanno con lui.

Il genitore che è sorvegliato, infatti, diventa meno spontaneo e più riservato quando interagisce con il figlio, mentre l'altro cerca di avere notizie e qualsiasi altra forma di scambio, impedendo la manifestazione dei bisogni e dei sentimenti del figlio.

Tutto ciò comporta ovviamente interferenze negative nello sviluppo psicologico di quest'ultimo, che appaiono più evidenti nei momenti di maggior contrasto tra i genitori, ma che sono presenti fin dai primi problemi e dalle prime difficoltà del rapporto di coppia.

In pratica, se è difficile capire l'inizio della crisi coniugale, altrettanto lo è il coinvolgimento in esso del figlio e le conseguenze che ciò ha su di lui.

Questi momenti sono precedenti alla separazione, a volte anzi risalgono ai suoi primi anni di vita, quando i genitori non sono riusciti ad accettare e ridefinire dei loro spazi, nella dinamica familiare dopo la nascita del figlio.

Quando più i genitori, coinvolgono il figlio nei loro problemi e nei loro conflitti interpersonali, tanto più, il rapporto che essi hanno con lui tende a rimanere costantemente rigido, indipendentemente dalle sue esigenze in evoluzione e dal suo contemporaneo bisogno d'allontanamento, e riavvicinamento al genitore.

Non avere più il figlio nel ruolo che gli hanno assegnato, significa, infatti, per questi genitori temere di perdere punti di riferimento della propria immagine e della propria identità.

4. *La paura di perdere il figlio*

Nel momento della separazione, cambiano di conseguenza anche i rapporti tra genitori e figlio, soprattutto per il genitore che lascia il nucleo familiare, che deve limitare il suo rapporto con il figlio, in orari fissi o comunque non lo può più vedere quando vuole o avrebbe piacere di farlo.

La sensazione di perdita, dovuta al non riuscire a esercitare il suo ruolo; un genitore che era abituato a prendere decisioni a interessarsi a suo figlio, si trova in una situazione che gli cambia la vita.

Il rapporto con il figlio, può essere recuperato in un modo diverso, ugualmente gratificante, ma ciò richiede una forte autostima del genitore, riuscendo a fronteggiare la situazione secondo la realtà.

Un genitore, può avere anche ritegno a prendere contatti con il figlio, a causa di sensi di colpa per ciò che è successo, per la struttura della sua personalità, per un senso d'inadeguatezza.

In questi casi, il coniuge che vive con il figlio, può essere di aiuto agevolando uno stile comunicativo, ma non sempre succede, questa può sentire rassicurante per sé, l'allontanamento del rapporto del figlio con l'altro genitore, rapporto che può andare dissolvendosi e deteriorandosi nel tempo.

Altre volte, il genitore che vive solo, tenta di recuperare in ogni modo il rapporto precedente, anche con una ossessiva ricerca di contatto con il figlio che influisce negativamente sui suoi già tesi rapporti con l'altro coniuge, riportandolo in una situazione aperta simile o più grave di quella precedente alla separazione.

Il genitore che vive da solo, sviluppa sensi di frustrazione e di perdita, aggravando il suo lutto e il cammino per superare la crisi che diventa più lungo e faticoso.

"La situazione può diventare ancora più difficile per lui se altre persone assumono nei confronti del figlio il ruolo genitoriale che era stato suo.

Nonni e parenti, possono infatti occupare quello che era stato il suo posto accanto al bambino, anche perché il genitore che vive con questo di solito intensifica il lavoro per migliorare la situazione economica resa gravosa dall'esistenza di due nuclei distinti.

Egli teme infatti, che questi parenti dell'altro cerchino di porlo in cattiva luce agli occhi del bambino, sia come partner che ha offeso e abbandonato il genitore rimasto, sia come genitore che non è stato in grado di offrire al figlio un ambiente sereno, per crescere". [60]

Questo timore è confermato dalla realtà, essi nutrono spesso sentimenti negativi verso di lui e li esprimono anche a volte più apertamente e più intensamente del loro ex compagno.

Questi parenti, non sono direttamente coinvolti nel conflitto, ma esprimono quel fantasma familiare del matrimonio fallito che non è stato accettato e possono vivere il rifiuto del compagno, come rifiuto di tutta la sua famiglia d'origine.

Essi s'inseriscono nella vita del bambino assumendo un ruolo genitoriale, portando uno stile educativo diverso dal precedente, provocando risentimento nel genitore che non vive con il bambino, ma soprattutto sostenendo il suo timore di perderlo definitivamente.

---

[60] Naldini - Saraceno, *Sociologia della famiglia,* Ed. Il mulino, Bologna 2001, p. 231.

Minor senso di perdita può esservi nel genitore che si è interessato poco del bambino, perché è molto piccolo o sono coinvolti nel suo allevamento, ma proprio la crisi personale conseguente alla separazione, porta questo genitore a riesaminare il proprio ruolo o a desiderare di approfondire il suo rapporto con il figlio, in base ad un'immagine di questo elaborata come compensatoria e gratificante.

La mancanza di una modalità comunicativa con il figlio o lo scarso interesse che questo dimostra, per la sua mancanza di un rapporto precedente con il genitore, possono suscitare così anche in questo genitore sentimenti di frustrazione e di perdita.

I timori di perdere un figlio e la difficoltà di istaurare un rapporto con lui, si possono sviluppare anche con il genitore che resta vicino al bambino, perché diventa l'unico interlocutore del figlio assumendo più responsabilità, mentre nel bambino prevale la difficoltà del nuovo ruolo di genitore rimasto accanto a lui.

La conseguente situazione d'incertezza e il desiderio di mantenere intatto ciò che della famiglia è rimasto, lo portano così spesso a ristrutturare le dinamiche familiari, per esempio dove c'era una tendenza all'indifferenza familiare, questa è esasperata, ma anche l'esigenza e la richiesta di valori, vengono rivalutati.

Questo può portare, sia a comportamenti di permissività e di eccessiva protezione verso il figlio, sia a comportamenti restrittivi ed autoritari, che sono comportamenti opposti, ma sempre finalizzati al mantenimento della coesione familiare.

Il genitore, che vive con il figlio, porta avanti da solo il compito educativo, pensa di non farcela, ritiene di non avere spazio per se stesso e ciò lo rende insoddisfatto e poco disponibile al bambino.

Tutto questo rende più difficile al figlio l'adattamento alla nuova situazione, perché anche lui ha notevoli resistenze al cambiamento e deve garantirsi l'appoggio che gli è rimasto.

Le difficoltà di reciproco riadattamento tra il figlio e genitore, producono nel genitore, sensi di colpa e incapacità del ruolo genitoriale, e la dipendenza del giudizio degli altri, timori di essere mal giudicato, criticato e anche privato del figlio.

Tale timore, è particolarmente rinforzato, anche dall'altro coniuge, angosciato per la perdita di contatto con il figlio o anche solo per la disgregazione del nucleo familiare di cui non si sente più parte.

Ma timori del figlio, possono derivare al genitore che vive con lui anche in conseguenza del suo appoggiarsi al nucleo di origine, per motivi economici, o come succede ai padri, per difficoltà ad accudire un bambino molto piccolo; il ritornare in tale nucleo è spesso percepito, come segno di incapacità all'autonomia e porta a sensi di inadeguatezza, e frustazione, che aumentano, con le interferenze dei suoi componenti sull' educazione del figlio.

Sono anche i nonni che si assumono le responsabilità di accudire i nipoti, essendo concordi con l'opinione diffusa, che se due coniugi non sono capaci di mantenersi un matrimonio unito, non sono nemmeno capaci di allevare adeguatamente i figli.

Entrambi i genitori, possono trovarsi impreparati a fronteggiare questi timori e a superarli con interventi concreti, e appropriati, sia perché non li avevano sufficientemente previsti, sia perché non sono in grado, anche per la situazione di crisi in cui si trovano, di gestire realisticamente la situazione.

Lo smarrimento del bambino, in questa situazione, richiede infatti che essi abbiano nei sui confronti atteggiamenti di comprensione e di attesa, che vive positivamente il suo nuovo stato che è disponibile ad avere con il figlio, un rapporto più sereno e costruttivo, rispetto al passato.

Se la fine dell'unione coniugale è vissuta come fallimento personale, resta la paura di perdere il figlio come punto di riferimento, di comprendere i reali motivi del comportamento del bambino e le sue esigenze, a riesaminare i propri atteggiamenti verso di lui, per migliorare il rapporto, ma soprattutto a cercare vie più brevi per garantirsi il suo appoggio.

Essi possono allora, mettere in atto comportamenti di minaccia, di abbandono nei suoi confronti, ma anche d'impedimento dei suoi rapporti con l'altro genitore a cui attribuiscono, anche proiettando i propri desideri, il tentativo di sottrarre loro il bambino o il suo affetto.

Il trovare motivo perché l'incontro con l'altro coniuge non avvenga ed anche a volte, criticare il coniuge avanti al bambino, diventano così mezzi estremi di difesa nel timore di perdere un legame vitale.

A volte, questo timore, è così intenso che un genitore ha bisogno di attribuire il buon rapporto che il bambino sviluppa e conserva con l'altro a manovre deduttive, minacce, menzogne dell'altro, che egli riferisce a incapacità pedagogica, se non addirittura a comportamenti pregiudizievoli per lo sviluppo psicologico del figlio.

Il senso di aver perduto il figlio o il timore di perderlo può aumentare la conflittualità tra i due genitori, tendendo a chiedergli di scegliere il genitore con chi preferisce stare e le modalità d'incontro con l'altro, ma in realtà essi non accettano una libera scelta del figlio, perché desiderano essere scelti, per dimostrare a se stessi e agli altri la loro validità.

Il messaggio contraddittorio, che in tal modo trasmettono al figlio, diventa peraltro un ulteriore impedimento per questo a sviluppare una posizione personale.

Così, il non essere riusciti in passato a sentire il figlio, come persona e l'averlo sentito come parte di sé o del proprio mondo, determina una contesa, che non tiene in nessun conto i reali interessi del bambino e che rende il clima familiare molto teso.

Il bambino, cerca di difendersi da tutto questo e superare lo stato di crisi, e ansia, è molto difficile, se non intervengono elementi esterni che permettono di recuperare l'autostima dei due genitori, così anche l'affidamento del figlio, spesso visto come possibilità di autorealizzazione, può rilevarsi un ulteriore motivo di conflitto.

Un nuovo legame sentimentale, è sicuramente importante per il genitore separato, che può tendere verso un futuro e nuovo matrimonio, ma può essere vissuto con un senso di colpa nei confronti del bambino, che può sentirsi deprivato da attenzione e affetto, ed è per questo che i genitori tendono a tenere la cosa nascosta, instaurando un rapporto non spontaneo.

Si crea uno stato di tensione, per i turbamenti emotivi del bambino che riflettono nel suo comportamento e nel rapporto con i genitori, non favorendo la comunicazione e non accettando la situazione.

Spesso il bambino, intuisce l'esistenza di una relazione e percepisce come inganno, il non essere informato, o resta deluso se ne viene a conoscenza da un altro genitore, comunicando i propri sentimenti negativi.

"La Dolto, chiarisce che il figlio è coinvolto nel divorzio, che lo vive in prima persona, anche quando viene tenuto all'oscuro di tutto, infatti il fatto di non essere interpellato non lo pone in alcun modo al riparo dalla sofferenza.

Il bambino, ha la tentazione di tenersi fuori dalla contesa, ma gli adulti che partecipano in qualche modo all'evento devono invece coinvolgerlo, non tanto nei loro problemi, quanto nei suoi.

Ma la consapevolezza di ciò che sta vivendo, deve essere raggiunta nei tempi e nei modi più idonei all'età e alla personalità infantile".[61]

Importante è parlare al piccolo, di qualcosa che gli procurerà indubbiamente dolore, ma che non deve per questo divenire un trauma silenzioso, mentre la falsità blocca la dinamica evolutiva, assai più della sofferenza.

"Nei casi di separazione, la durezza è negli eventi e i discorsi possono solo preparare il bambino alle difficoltà che incontrerà e permettergli di vivere, affrontando la realtà, con più consapevolezza.

Il bambino, andrebbe sempre interpellato sulle decisioni che lo riguardano, tanto dai genitori quanto dal giudice, anche se il suo parere non sarà vincolante.

In ogni caso può e deve costituire un interlocutore perché la parola, può essere capita anche dal bambino piccolissimo, sin dall'età di sei mesi.

Il neonato comprende, al di là del contenuto del messaggio, che lo si considera una persona umana e non si intende manipolarlo come una cosa.

La parola umanizza, mentre il silenzio o l'inganno animalizzano il bambino, che ricorrerà allora ai sintomi, come il vomito o la tosse, per esprimere un disagio che non riesce altrimenti a comunicare".[62]

Ma oltre ai pericoli di disgregazione familiare, esistono anche elementi positivi, come la sollecitazione del figlio di divenire autonomo, di contare sulle proprie forze.

Il processo di separazione dalla famiglia deve avvenire progressivamente, nel modo meno traumatizzante possibile, così che l'indipendenza appaia come una conquista, piuttosto che una imposizione, ma ciò non sospende la responsabilità nei suoi confronti.

Se ancora non si era istaurata una separazione costruttiva, possono intensificarsi tendenze a sminuire il genitore, creando motivi di tensioni dovuti anche al ruolo e al rapporto del nuovo compagno del genitore, che dovrà assumere nei confronti del bambino.

---

[61] Dolto, *Quando i genitori si separano*, Ed. Mondatori, Milano, 1988. [62] *Ibidem* p. 12.

Lo stesso coniuge, teme di perdere il figlio e il ruolo di genitore, ponendosi il problema dell'istaurarsi del nuovo rapporto di ruolo, se pur minimo di responsabilità, tra il nuovo partner e il figlio, avendo atteggiamenti contraddittori e d'insicurezza verso di lui.

Il bambino, può sentirsi confuso, non sapendo quali atteggiamenti avere con il nuovo partner del genitore, non riuscendo a capire le condizioni della famiglia precedente e del nuovo nucleo, ma soprattutto lo spazio che in essi può avere.

5. *Quando ci sono più figli*

Ma esistono anche dinamiche di nuclei familiari in crisi e alla conseguente contesa dei figli, quando sono più di uno.

I figli, possono essere messi in secondo piano, o essere al centro della contesa, anche se non tutti i figli possono essere coinvolti nei conflitti dei genitori.

Esistono bambini che nascono quando sono attesi, altri invece quando i genitori sono meno disponibili ad accoglierli: il primogenito, può rappresentare la conferma della capacità creativa e la possibilità di assumere un ruolo di genitori, mentre non è così per i figli successivi.

Un figlio, può essere simile al genitore, per sesso, somiglianza, ritrovando in lui parti positive di sé o del proprio partner, un altro può essere diverso, richiamando tratti non apprezzati del genitore, o può corrispondere ad un bambino immaginato.

La percezione del genitore, condiziona l'atteggiamento verso il figlio, in positivo o negativo, anche per un solo tratto, così il bambino non viene valutato per la sua totalità, ed è un esempio il tipico modo diverso di porsi nei confronti del figlio maschio o della figlia femmina.

Ci sono anche bambini, che restano chiusi in se stessi, non sviluppando né sentimenti positivi, né negativi, che interagiscono di meno con i genitori, ricordando che più il bambino si sente cercato e amato, più s'intensifica il rapporto con i genitori, mentre quando meno accettato, è più difficile comunicare con lui, con la probabilità di una relazione conflittuale.

Se il genitore interpreta con un buon rapporto, l'affetto del figlio e con uno indifferente, la sua cattiva volontà, la relazione può essere diversa, qualitativamente, con un atteggiamento da parte del genitore di accettazione graduale e la possibilità del bambino, di soddisfare le sue aspettative.

Quindi nella famiglia sorgono rapporti di preferenza e di alleanza tra un genitore e un figlio, perché diverse possono essere le aspettative di un genitore e l'accettazione di un figlio.

Quando poi vi è tensione tra i due genitori, diventano più evidenti queste dinamiche familiari, nel ricercare una compensazione del rapporto di coppia deteriorato, vi è l'interazione privilegiata con il figlio, che corrisponde di più alle aspettative o con quello che ripropone il fantasma familiare, mentre scarseggia l'interazione con i figli, emotivamente meno importanti.

"Questo figlio poi peraltro viene anche particolarmente conteso al momento della separazione e può essere quindi più coinvolto degli altri e conseguentemente, venir maggiormente disturbato nella strutturazione della sua personalità".[62]

Tuttavia, può anche succedere che mutate esigenze, alterino il loro atteggiamento verso i figli e che le dinamiche interfamiliari ne vengano sconvolte, perché i figli si trovano a dover affrontare nuove situazioni affettive e relazionali.

Delle volte il genitore, ha bisogno di una conferma delle sue capacità genitoriali e ciò gli fa privilegiare il rapporto con il figlio più docile, e anche dipendente: di solito il più piccolo, ma può anche essere quello emotivamente più fragile.

Ma in altri casi, il genitore che reagisce con ansia e sensi di inadeguatezza alla crisi, e alla separazione, ha soprattutto bisogno di sostegno e può appoggiarsi al figlio sentito più autonomo, e sicuro, indipendentemente dall'età.

Se il genitore ha problemi d'identità e ha bisogno di percepire una continuità nella sua esperienza, è probabile che ricerchi soprattutto il contatto con il figlio che più gli richiama i tratti somatici e comportamentali, i componenti del nucleo d'origine e in cui si può riflettere quindi maggiormente il suo fantasma familiare.

Altre volte, il genitore affaticato, per il conflitto coniugale, privilegia il rapporto con un figlio, che non gli crea difficoltà, mentre

---

[62] Naldini - Saraceno, *Sociologia della famiglia,* Il mulino, Bologna, 2001, p. 128.

tende a non stabilirlo e a fuggire, con il figlio che ha problemi emotivi e comportamentali.

Più figli, possono essere coinvolti dai genitori nei loro problemi personali e nella conflittualità reciproca, anche per motivi diversi: lo stesso genitore, può privilegiare contemporaneamente sia il rapporto con un figlio più sicuro, che gli fornisce appoggio, che con un figlio insicuro, che gli dà la possibilità di sentirsi egli stesso, punto d'appoggio.

In famiglie in crisi, dove vi sono più figli, si creano dinamiche molto complesse, sia tra i fratelli, sia tra questi e i genitori, sia di conseguenza tra gli stessi genitori.

La gelosia e il senso di emarginazione che alcuni figli sviluppano nei confronti di un genitore, li rendono, infatti, particolarmente disponibili alle esigenze e ai punti di vista dell'altro genitore, anche se in esso non trovano sufficiente sostegno per sentimenti d'ostilità e di rivalsa per il primo.

Le dinamiche che si vengono componendo all'interno di tali famiglie, possono essere così sempre più estranee ai reali bisogni dei bambini, anche se questi vi si adattano o vi partecipano attivamente.

"È una situazione che deteriora ulteriormente i rapporti coniugali e non si risolve con la separazione e con il vivere dei figli con un solo genitore, infatti, nel nucleo così strutturato, permangono sia i motivi di preferenza per alcuni figli o di scarso interesse per altri, sia le relazioni emotive ed i comportamenti dei figli conseguenti".[63]

Il senso d'inadeguatezza dei figli, aumenta in presenza del genitore alleato, perché si sentono poco amati dal genitore con cui vivono, creando situazioni, che determinano anche una maggior litigiosità tra i fratelli, dopo la separazione dei genitori e che danno modo all'altro coniuge di evidenziare l'incapacità educativa del genitore, a cui sono affidati i figli.

Per questo genitore, non risulta facile cambiare il suo modo di rapportarsi ai figli, sia perché data la sua situazione emotiva, egli ha forse più bisogno di prima di utilizzare i meccanismi compensatori, in cui sono coinvolti i figli, sia perché il disagio di questi, soprattutto se il

---

[63] Dell'Antonio, *Il bambino conteso,* Ed. Giuffrè, Milano, 1993, p. 67.

rapporto con loro non è preferenziale, rende più difficile il loro avvicinamento.

In pratica, la presenza di più figli, rende più difficile la risoluzione dello stato di conflittualità tra i due coniugi, ed offre maggiori motivi, alle loro discussioni.

Più difficile, è anche in tale situazione per i genitori, stabilire un nuovo rapporto sentimentale con un altro partner, perché i figli, possono, infatti, non avere un atteggiamento comune nei confronti del nuovo partner e quindi sostiene anche indirettamente e inconsapevolmente, quei motivi di contesa da parte dell'altro genitore, che aumentano in tale occasione.

Infine, ancora più difficile è anche il ritorno di uno dei due coniugi nella sfera della famiglia d'origine, perché i nonni o i parenti, possono sviluppare atteggiamenti diversi verso i suoi figli, in base alle loro attese, al loro modo di concepire il ruolo del figlio, al loro concetto di educazione e creare così motivi di tensione, e di contrasto nel nucleo e tra i coniugi.

Capitolo Quarto

LE CONSEGUENZE SUL BAMBINO

1. *L'identità del bambino*

Quando i genitori si trovano in una situazione di conflitto e soprattutto quando motivo di litigio, può essere l'affido e l'affetto del figlio, questo trova poco spazio per esprimere se stesso e per soddisfare le sue esigenze.

Egli deve trovare la forza dentro di sé, per superare le difficoltà e trovare nell'ambiente in cui vive, dei validi punti di riferimento.

Contemporaneamente, egli deve difendersi dai genitori, che tendono a coinvolgerlo e a strumentalizzarlo, ostacolando emotivamente un sereno sviluppo psichico.

Il bambino, dovrebbe agire, con una certa autonomia, debba avere un'immagine di sé positiva e avere una visione della realtà obiettiva, con un adeguato contatto con essa.

"Nella vita di un bambino, vi è un periodo iniziale che corrisponde ai suoi primi mesi, in cui non è in grado di percepire un confine netto tra sé e gli altri, tra la sfera d'azione e quella degli altri". [64]

Quando i suoi bisogni sono soddisfatti, il bambino avrà fantasie di potenza, ma quando non sono soddisfatti, avrà attacchi di panico e timori, perché l'essere indifferente dagli altri, gli fa sentire la mancanza di un appoggio esterno, come perdita di una parte di sé.

L'intervento dell'adulto, diventa indispensabile, con un suo abbraccio, il bambino si calma, ma anche con situazioni della sua esperienza di gratificazione, una voce, un suono, un odore, che richiama la soddisfazione dei suoi bisogni, che sono significativi.

---

[64] Malher, *Nascita psicologica del bambino,* Ed. Boringhieri, Roma, 1978.

Durante la sua crescita, il bambino riesce a distinguere tra sé e non sé, e a considerarsi come persona definita, rendendosi conto dei propri limiti e di mancanza di potere.

Quando si trova in una situazione di bisogno e non trova appoggio dall'adulto, il bambino cerca di assecondare l'altro genitore, portando una dipendenza che lo caratterizza in un periodo lungo di sviluppo e sarà l'adulto a determinare le norme, e i tempi di una progressiva autonomia ed autodeterminazione del bambino.

Anche avendo un'esigenza di crescere come persona autonoma, egli non può scegliere liberamente tra la soddisfazione di tale impulso e il bisogno di garantirsi l'appoggio degli altri, importante per la sopravvivenza.

La scoperta del mondo che lo circonda, indispensabile per la formazione autonoma, è influenzata dall'adulto, presentandogli il mondo in modo piacevole o spiacevole.

Il bambino, può essere sollecitato, ma anche demotivato, ad accostarsi alle cose e alle persone, che lo circondano, preferendo esperienze ripetute o familiari, piuttosto che aperte e nuove.

In pratica nel bambino, può continuare a prevalere il bisogno di protezione di fronte ad una realtà esterna, sentita sostanzialmente minacciosa.

Per tutto il periodo evolutivo, il bambino soprattutto nei suoi primi anni di vita, ha il bisogno dell'appoggio dei genitori, anche se tende alla scoperta del mondo, ma torna dall'adulto nei momenti in cui si sente incapace di fare da solo.

Questo comportamento, tra l'allontanamento e l'avvicinamento del genitore, richiede la disponibilità dell'adulto di accettare e stimolare il bambino nella sua autonomia, ma anche capirlo e sostenerlo nel momento di difficoltà.

Il genitore può essere propenso verso l'uno o l'altro atteggiamento, per vari motivi, infatti, il bambino non è sempre assecondato dai suoi desideri e l'adulto può non riuscire a capire le ostilità del bambino e tollerarle.

Il bambino, può avere anche paura di essere minacciato, intimorito, aggredito o punito, dal genitore che non riesce a gestire questo comportamento.

Così il bambino, può trovare sostegno nel genitore solo se lo sentirà disposto a rassicurarlo e contenerlo, nonostante tali comportamenti, verificando nella realtà l'innocuità di queste fantasie, che si dissolveranno, sviluppando un rapporto sempre più positivo con lui.

Quando invece, il genitore non riuscirà a tollerare e a comprendere l'aggressività del bambino nei suoi confronti, dimostrando ansia, il bambino continuerà ed essere sopraffatto, non tanto da lui, ma anche dai suoi impulsi e sentimenti.

In pratica, se il bambino trova appoggio nei genitori, svilupperà un'entità autonoma e separata da essi, altrimenti condizionerà la sua esistenza al loro desiderio: ciò dipende anche dalla fiducia in se stessi dei genitori, dall'immagine che si sono costruiti del bambino, in base ai suoi valori.

Il bambino compone, la prima immagine di sé, in base ai propri vissuti e degli altri, incapace di definire autonomamente, egli si valuta in misura in cui gli altri lo amano e lo stimano.

Così, la fiducia che si svilupperà in se stesso, è quella che gli altri hanno di lui, mentre l'eventuale incapacità di auto-definizione, è quella attribuita dagli altri.

Egli trae sicurezza e forza per continuare a scoprire il mondo, proprio dallo sviluppo dell'immagine di se e se non è positiva, avrà difficoltà alla costruzione di una persona autonoma, dirigendosi verso un ruolo, che gli altri gli hanno attribuito.

Il genitore, può anche fornire al figlio schemi comportamentali e modelli esistenziali, chiedendogli di attenersi, perché ritiene che il figlio non sia capace di autodeterminarsi, mentre questo è convinto di non ricevere più appoggio, se non si adegua a ciò che il genitore propone.

"Laing, riferendosi a questi parla di strutturazione di un *falso sé*, a cui il bambino si conforma per garantirsi una esistenza, indipendentemente ed anche in contrasto con le sue reali istanze e con i suoi veri sentimenti che vengono gradatamente rimossi.

La posizione dei genitori di fronte al bambino assume così fondamentale importanza, per la sua evoluzione come persona separata, non soltanto in base a ciò che essi hanno di fornirgli sia appoggio, che stimolo nel suo progredire verso l'autonomia.

Ma essa, è importante anche per un altro processo, che il bambino va compiendo in questi anni: la sua identificazione con loro.

Per le sue progressive capacità di rappresentazione e di simbolizzazione, egli riesce, infatti, a superare il timore di non riuscire a gestire la realtà, senza la loro presenza, introiettandoli.

Il genitore introiettato, fornisce un modello oltre che un punto di riferimento, che diventa parte integrante dell'immagine di sé, che il bambino va costruendo e quindi della sua stessa identità". [65]

Un esempio, è assumere l'identità sessuale, che avviene precocemente nel bambino, durante la scoperta dei suoi organi genitali, ma gradatamente egli si rende conto, attraverso il contatto dei genitori e l'ambiente circostante, che esistono due sessi e che lui fa parte di uno di essi.

Gli psicanalisti, definiscono questo periodo del bambino, con la nascita di sentimenti intensi e di contrasto, nei confronti del genitore, desiderando il genitore di sesso opposto e l'invidia per il genitore dello stesso sesso, gelosia, ma anche ostilità verso il genitore di sesso opposto, che non si lascia possedere.

"Di conseguenza, anche i sensi di colpa per i propri sentimenti e i timori che si avverino le fantasie distruttive nei loro confronti e la conseguente paura di una giusta punizione e cioè di essere aggredito, annientato e abbandonato.

È un momento difficile per la vita del bambino in cui egli ha bisogno di constatare, che nella realtà i genitori non vengono distrutti dalle sue fantasie, ma anche che non pongono in atto ritorsioni nei suoi confronti". [66]

Ancora una volta, i genitori possono sostenere il figlio, essere disposti ad amarlo, anche se non condividono i suoi obiettivi ed è sulla base di tale rassicurazione che il bambino rinuncia a mete impossibili.

Egli assimila la rassicurazione del genitore, per garantirsi di essere come lui, definendo quale sarà il suo ruolo di persona e qual è il suo ruolo di bambino.

[65] Laing, *L'io e gli altri,* Ed. Sansone, Bologna, 1977, p. 72-73.
[66] Grindrerg, *Identità e cambiamento,* Ed. Armando, Roma, 1976, p. 46.

L'assunzione di un ruolo preciso, si crea per come si è, ma anche per come non si è, indipendentemente da quello degli altri o se viene accettato.

Importante, per una prima identificazione è l'assunzione dell'identità sessuale, che avviene attraverso la conoscenza del proprio corpo e dalle pulsioni che lo spingono alle esperienze, l'assimilazione di forme culturali, il contatto con le persone dell'altro sesso, contribuiscono alla formazione di un nucleo fondamentale.

Per questo, è determinante per il bambino un atteggiamento dei genitori, che non permette di risolvere i primi problemi sessuali, non tollerando i sentimenti del figlio, assumendo verso di lui un comportamento minaccioso o punitivo, ma possono anche assecondare, le sue fantasie per un bisogno personale di trovare in lui, un sostituto di un partner frustrante o assente.

"Il bambino, può d'altra parte, non sentire vicino e rassicurante il genitore del proprio sesso o anche sentirlo aggressivo e castrante e appoggiarsi all'altro genitore, cercando in esso un modello di identificazione.

In base al comportamento dei genitori nei suoi confronti e tra loro egli, può anche avere una visione incerta della propria collocazione sessuale e su di lui, possono allora agire in modo contrapposto e quindi ansiogeno, spinte all'assunzione del ruolo del proprio sesso e di quello opposto.

Così se i genitori non sono in grado di aiutare il bambino a superare le angosce di quel periodo e a definire una propria identità sessuale, ciò si ripercuote anche sul suo successivo ruolo sessuale adulto". [67]

Identificazione e assunzione di un ruolo nella dinamica familiare, definiscono sempre meglio la collocazione psicologica del bambino, prima della pubertà.

Egli fa parte di questa posizione, in rapporto all'immagine che di lui, hanno i genitori, uniformandosi per trovare appoggio nell'ambiente, che gli è indispensabile per sopravvivere.

In base, alla crescita di fiducia in se stesso e nonostante le tante difficoltà incontrate, il bambino scopre il mondo, acquisendo schemi comportamentali, per interagire in esso.

---

[67] *Ibidem*, p. 47.

Diventando adolescente, cambia come persona, differenziandosi di più, in base al corpo e alle sue pulsioni, interrogandosi di nuovo sulla propria identità.

Egli, si scopre diverso, elaborando sentimenti di perdita e di lutto, pensando al passato, e non riesce più a vivere secondo le regole imposte dai genitori, perché la dipendenza dagli altri, diventa segno d'incapacità all'autonomia.

L'immagine di sé, che aveva costruito, si modifica, cercando di ricostruirla, con tante difficoltà, anche se in passato ha avuto la possibilità di uno spazio autonomo e se è stato incoraggiato a un contatto personale, e critico della realtà.

Così, se non è riuscito ad avere un comportamento autonomo, subirà, una crisi d'identità dovuta, al suo desiderio di uscire da una situazione voluta da altri, manifestando comportamenti di rottura.

Infatti, non è facile cambiare identità in modo brusco, anche avendo modelli esterni di riferimento, perché restano i sensi d'inadeguatezza e timori di abbandono, che l'hanno costretto in precedenza ad accettare la posizione imposta da altri.

Questi timori, possono spaventare il ragazzo, dandogli la sensazione che neanche in futuro potrà gestirsi da solo; ancora una volta ha bisogno di qualcuno per superarli e non volendo dipendere dai genitori, cercherà nei coetanei, magari più capaci di lui, di affrontare il presente e il futuro.

Nel gruppo dei coetanei, egli ha la possibilità di autodefinirsi, di farsi accettare per quello che è come persona, per le sue idee, per il suo modo di rapportarsi, assumendo ruoli anche più attivi.

In pratica, sia nel gruppo dei coetanei, sia con i primi partner, le dinamiche di rapporto, sono determinate anche da altri, componendosi, in modo diverso che nel passato, per cui il ragazzo è sollecitato a trovare nuovi mezzi per adattarsi alla situazione e modificarla a proprio vantaggio.

Ma è evidente, che un ruolo importante è ciò che i genitori hanno voluto o permesso che egli fosse e diventasse, con la formazione negli anni precedenti, riuscendo a stabilire relazioni interpersonali ad aggregarsi, e soprattutto a differenziarsi, come persona autonoma.

2. Vivere nella famiglia in crisi

Un adeguato sviluppo della personalità del bambino, richiede un atteggiamento di disponibilità dei genitori, capaci di soddisfare le esigenze del figlio, formando validi modelli d'identificazione, ma quando i genitori sono in conflitto tra loro, tendono a porre il figlio in una situazione marginale e strumentalizzata.

Maltrattare il figlio, ha come conseguenza l'insoddisfazione alle sue esigenze, l'incapacità di rilevare i genitori come modelli di riferimento e appoggio, per potersi staccare e scoprire il mondo.

Il bambino, può andare incontro a reazioni di ansia, anche diffusa, che non riesce a controllare, manifestandosi a livello psicanalitico.

La mancanza di attenzioni persistente, nei suoi confronti, lo porta a vedere la realtà in modo negativo, sviluppando tratti persecutori che condizionano le sue successive esperienze relazionali.

La paura di essere abbandonato, lo porta a pensare di essere colpevole per l'allontanamento del genitore, ma anche a ritirare i suoi interessi dall'ambiente circostante, concentrandosi su se stesso e sul genitore perduto.

Egli può tentare di riavvicinarsi ai genitori, senza avere la sicurezza di un appoggio.

"Wallersten e Kelly", hanno suddiviso per fasce di età, le reazioni dei bambini alla crisi familiare:

1)   il bambino fino a 3 anni e mezzo, reagisce alla separazione dei genitori, con regressioni comportamentali che si manifestano con continuo bisogno di affetto e attenzioni, presentando problemi di sonno, alimentazione, stress, superato attraverso pianti continui.

2)   Il bambino da 4 a 6 anni, affrontano la separazione con rabbia che sfogano in modo diffuso e generalizzato, mordendo i compagni di gioco, distruggendo oggetti, andando alla ricerca di animaletti da uccidere.

3)   Il bambino dai 7 ai 10 anni, ha fantasie di riconciliazione, di fronte ad un evento incerto o drammatico, il bambino preoccupato per il suo benessere, tende a riavvicinarsi; dolore e tristezza, che vengono espressi verbalmente da alcuni bambini, mentre altri si rifiutano di parlare del problema; la collera dei bambini più grandi, è consapevole e diretta, verso un genitore o entrambi; senso di perdita, è il sentimento

di abbandono che colpisce soprattutto i maschi, precisando che nonostante un rapporto sano tra padre-figlio, dopo la separazione, non garantisce una reazione positiva del bambino all'evento; sintomi somatici, principalmente mal di testa, asma cronica, e dolori di stomaco.

In una situazione di conflitto, è stato rilevato che i genitori offendono e creano tensioni ai figli, facendoli soffrire moltissimo.

I bambini, restano delusi dai genitori, manifestando disturbi di apprendimento, rifiuto di andare a scuola, silenzio persistente, comportamento trasgressivo, chiusura con l'esterno.

4) Gli adolescenti, reagiscono in modo differente, in quanto comprendono maggiormente gli eventi e gli effetti al processo della separazione.

Tuttavia, i soggetti legati emotivamente ai genitori, manifestano disturbi diversi: lamenti ipocondriaci (mal di testa, mal di pancia), episodi anoressici e bulimici, insonnia, disinteresse scolastico, stati depressivi, disturbo del comportamento, furto e fuga.

Altri, al contrario rafforzano un modello comportamentale, dedicandosi ad attività sociali, ponendosi in una distanza psicologica e sociale dai propri genitori". [68]

La situazione di bambini, situati in un conflitto coniugale, è diversa quando vengono rivolte maggiori attenzioni, quando sono assecondati da un genitore, mentre si mostrano scontenti con l'altro.

Essi, traggono vantaggio dal litigio dei genitori, sviluppano un'autostima che non permette un sé autonomo e rendendosi conto che il riavvicinamento verso l'uno o l'altro genitore, gli fa temere di essere punito, accorgendosi per la loro sicurezza di allearsi con un solo genitore.

Motivo di contrasto, può essere proprio il bambino, perché un genitore può volerlo docile, l'altro volitivo, subendo comunque rimproveri; ma la scelta di allearsi con un genitore, non è semplice, perché il bambino, avendo un rapporto positivo con entrambi i genitori, viene anche sollecitato, dandogli la sicurezza che il genitore che sceglierà, sarà più disponibile.

---

[68] Vitale - Principe, *Ho visto il lupo, abuso e maltrattamento*, Ed. Junior, Salerno 2001, p. 62-64.

"Ma la scelta può essere difficile, anche per il tipo di rapporto che il bambino ha istaurato con i genitori.

Per lui il miglior alleato, sarebbe ovviamente il genitore che lo accetta per quello che è, con le sue caratteristiche e le sue aspirazioni, e che è disponibile ad amarlo e sostenerlo senza condizioni.

Ma spesso, egli non ha tal genitore, perché frequentemente nelle situazioni di conflitto, sono gli stessi genitori ad aver bisogno di conferma e di sostegno.

Il bambino, può allora scegliere, come alleato il genitore che gli appare più disponibile a soddisfare le sue esigenze più urgenti, di autonomia o di appoggio". [69]

Alcuni bambini, che soffrono per il comportamento di un genitore, possono scegliere l'altro, per vendetta, alleandosi e vivendo con meno dolore la situazione, mentre altri, possono scegliere un genitore che possa garantirci potere, perché si sentono insicuri, sviluppando un'immagine negativa.

Quando un bambino, si avvicina a un genitore, l'altro può soffrire per questa scelta, ma esistono anche spostamenti da un genitore all'altro, ricordando il bisogno reciproco di amarsi e di intendersi, contro tendenze di abbandono.

Durante il rapporto di alleanza, il genitore cerca di imporre, un ruolo al bambino, che accetta per avere un posto nel nucleo familiare, ma delle volte è proprio il bambino a condizionare il genitore che ha bisogno di appoggio, soprattutto quando è un adolescente, autonomo e sicuro di sé, avendo sviluppato una personalità forte attraverso i rapporti extrafamiliari.

Se il bambino, invece è piccolo, è costretto ad allearsi con il genitore affidatario, trovandosi al centro di continui litigi, riuscendo a trovare protezione verso questo genitore.

Egli assume, un ruolo voluto dal genitore alleato, accettando la cultura familiare e riuscendo con difficoltà ad autodeterminarsi da solo; tali dinamiche, influenzano i processi d'identificazione e di assunzione del ruolo sessuale, quando questi si devono ancora formare.

---

[69] Dell'Antonio, *Il bambino conteso,* Ed. Giuffrè, Milano 1993, p. 80.

Sicuramente, diventa complicato identificarsi con un genitore che non si vede spesso, ma altrettanto è accettare l'immagine del genitore alleato, che ha un ruolo di potere nella dinamica familiare e che valorizza il ruolo sessuale del bambino, soprattutto se il bambino ha un rapporto ambivalente con esso.

L'identificazione con un genitore dello stesso sesso, invece può essere contrastata dal fallimento coniugale, valorizzando per il bambino, l'assunzione del modello di riferimento, ma esistono altre forme d'identificazione con il genitore nemico, per assicurarsi la potenza, per cercare di combatterlo.

Il genitore- alleato con il figlio, a volte non accetta questo rapporto, mettendo in pericolo l'alleanza, ma altre volte, è proprio lui che sollecita questa relazione, provocando nel bambino disturbi e ritardi dell'identità personale e nello sviluppo delle capacità relazionali.

Il bambino, deluso della sua situazione familiare, concentra le attenzioni su di essa, accettando ruoli rigidi, imposti e non essendo sollecitato per l'attivazione dell'autonomia, ha difficoltà nel gestire la realtà, quando si presentano nuove situazioni.

Relazionandosi con l'ambiente circostante, egli potrebbe distrarsi e superare la dipendenza dai genitori, acquisendo un'identità personale più forte, che possa arricchirlo diversamente.

3. Parlare della separazione al bambino

"La fine di un matrimonio, pur causando una serie innumerevoli di problemi, non assolve i genitori dal loro obbligo di responsabilità e cura nei riguardi del figlio. I coniugi infatti, non sono più marito e moglie, ma non smettono di essere genitori".[70]

Quando avviene una separazione, il bambino, può avere come conseguenza, un arresto o ritardo dello sviluppo psichico, ha bisogno di vivere una situazione di continuità, di vivere nella stessa casa, di frequentare la stessa scuola, perché l'ambiente circostante, rappresenta il contenitore degli affetti.

Il bambino, è sempre coinvolto durante una separazione, vivendola personalmente, anche se resta all'oscuro di tutto, in quanto i genitori

---

[70] Vitale - Principe, *Ho visto il lupo,* Ed. Junior, Salerno 2001, p. 61.

pensano che attraverso il silenzio, possono recare meno danno al figlio.

Indispensabile, è invece parlare e ascoltare il bambino, riuscire a capire quali sono i suoi problemi, rapportandosi in base all'età e ai tempi giusti, e non dicendo bugie che possono causare ulteriori danni, alla crescita personale del bambino.

Importante è quindi parlare con il bambino, spiegare cosa sta succedendo tra i genitori, anche se è piccolo, deve ascoltare le decisioni prese dai genitori e dal giudice che lo riguardano.

Quando i genitori, hanno deciso di separarsi, si rivolgono agli avvocati per incominciare la pratica di divorzio, avendo valutato l'impossibilità di una riconciliazione, dovuta all'insoddisfazione del loro rapporto relazionale.

Incominciano quindi discussioni, per quanto riguarda il mantenimento dei figli e dell'ex partner, e soprattutto l'affidamento, ma anche la rivendicazione di oggetti e la visita organizzata per vedere i figli.

In una ricerca svolta sugli adolescenti, che erano stati informati del divorzio dei genitori e delle conseguenze che per loro sarebbero derivate, tutti si lamentavano di questo silenzio.

Secondo la Dolto, il bambino dovrebbe essere informato verbalmente dai genitori che sono in difficoltà, anche se è difficile parlarne, un aiuto potrebbe derivare da un'educazione progressiva, con film o mass-media, per orientare il cambiamento.

In generale, i genitori che litigano non vogliono confessarlo davanti ai figli, dicendogli di allontanarsi, perché sono cose che non gli riguardano, invece riguardano soprattutto loro.
Se i figli, conoscessero la verità, non vivrebbero più la famiglia, di mamma e papà assieme, come un sogno, come quando erano piccoli, ma sarebbero spinti verso una rapida autonomia.

"Del resto è veramente stupido non informarli, dato che i bambini sono più che mai capaci di accettare e di affrontare la realtà che vivono.

Il fatto che la vivano prova che essi inconsciamente l'accettano e l'affrontano, ma bisogna parlarne, affinché questa realtà diventi per loro conscia e sia umanizzabile.

Altrimenti invece di umanizzare la realtà, la animalizzano, oppure la idealizzano rifugiandosi nelle fantasie". [71]

Importante è che i genitori, quando annunciano le loro intenzioni di divorziare, non rimpiangono di aver messo al mondo i figli.

Infatti, se non gli è spiegato nulla, il bambino penserà di non essere amato più dai genitori, proprio come la loro separazione, dicendo di non amare più un genitore, identificandosi con l'altro; mentre il bambino, ha bisogno di amare entrambi i genitori, per sentirsi sicuro e protetto.

I genitori, devono capire, che non amare più l'altro partner, non significa, non amare più il figlio ed è indispensabile farlo capire anche al bambino, spiegargli che i motivi dei loro litigi, sono per averlo ognuno, un po' di più.

"Se una terza persona, parlasse al bambino di fronte ai suoi genitori, divenuti grandi nemici, avrebbe da dirgli questo di importante:
Questo divorzio e questa sofferenza, non sono inutili, dato che sei nato tu, e dato che tu rappresenti una vittoria di questa coppia.

Questo perché, anche se una coppia vive delle difficoltà a causa dei figli, il fatto di avere una discendenza è per loro un successo". [72]

Molti figli, divenuti adolescenti, si sentono in colpa per la separazione dei genitori, per gli obblighi e le responsabilità, a cui devono attenersi, dicendo di non volersi mai sposare, così sarà sicuro di non rendere infelici i figli.

"È il senso di colpa che deriva dall'essere nato da quella particolare coppia". [73]

Gli effetti, di una situazione del genere, possono manifestarsi con il passare degli anni, quando un figlio adolescente s'impegna in una relazione amorosa.

Alcuni autori, ritengono che il motivo del divorzio sia che ogni genitore, vuole ritrovare la propria libertà, sessuale, di azione, senza dover subire le critiche dell'altro.

Quando due genitori, non trovano più motivo di stare insieme, il bisogno di amarsi, il desiderio di stare uniti, divorziano e sono futili le

---

[71] Dolto, *Quando i genitori si separano,* Ed. Mondatori, Milano1991, p. 23 - 24.

[72] *Ibidem,* p. 26 - 27.

[73] *Ibidem,* p. 27.

giustificazioni di una separazione di genitori, perché litigano e non vanno d'accordo.

Ma oltre a spiegare i motivi del divorzio al bambino, si può cercare di avvicinarli alla vita adulta dei genitori che si assumono le loro responsabilità, che indirettamente possono far capire al bambino, chi dei due genitori vuole divorziare, chi no, chi soffre, chi aveva il desiderio di dividersi.

I bambini, possono accontentarsi apparentemente, di quel che è raccontato dei litigi, di un genitore che ha il vizio del bere o che un genitore abbia un altro partner, o che sia troppo geloso, assistendo a continui litigi e con difficoltà potrà vedere genitori tranquilli, che s'incontrano al ristorante o al caffè, in occasioni di riunioni familiari, momenti in cui i genitori dicono di stare bene insieme.

"Occorrono quindi, delle risposte giuste, con parole che sappiano iniziarli alla vita sensata degli adulti e che allo stesso tempo, giustificano nel bambino la fiducia che nutre verso il senso di responsabilità assunto dagli adulti, anche se sono divorziati, nonostante lui non sia in grado di capire veramente questa responsabilità". [74]

Esiste un periodo, delicato per il bambino, che va dalla nascita fino ai quattro anni, che potrebbe far rallentare la decisione di divorzio, fino all'età della pubertà, in cui i genitori convivono, anche non avendo più rapporti sessuali, ma intrattenendo rapporti amichevoli per il bene del figlio.

Interessarsi a un figlio, è la funzione simbolica svolta da un genitore, anche se è lontano di casa, non lasciando che il suo ruolo, sia svolto da altri.

Un esempio, è un padre dell'esercito, nelle Colonie, che scrive ai suoi figli, mantenendo relazioni comunicative e d'affetto, e mantenendoli finanziariamente, diversamente da un genitore che è in casa, ma che non si occupa dell'educazione dei figli.

Oggi, situazioni dovute sia a circostanze professionali, sia ad accordi dei coniugi, che per vari motivi si separano, non influiscono nel legame con il bambino, intraprendendo relazioni personali e

---

[74] *Ibidem*, p. 29.

regolari, con ciascun genitore, anche se queste relazioni a volte, non sono regolari.

"Se i due genitori si parlassero, e parlassero ai figli del loro progetto di separazione, in modo responsabile, i bambini potrebbero suggerire più facilmente i consigli, sfumature, modifiche, potrebbero far evolvere il progetto per quel tanto che li riguarda.

In queste condizioni, l'accordo (se si tratta di un divorzio consensuale), le proposte (se si tratta di un divorzio per colpa), sarebbero elaborati insieme a loro; in questo caso i figli, potrebbero sperare in una decisione preparata e quindi applicata meglio". [75]

4. *Genitori separati*

La separazione dei genitori, rappresenta per il bambino, un momento difficile da superare, sia per i sensi di inadeguatezza, sia per l'esperienza di perdita.

La famiglia è l'unico o il principale punto di riferimento, dove il bambino si sente sicuro e amato, ma separandosi, scaturisce in lui la perdita d'identità familiare e soprattutto l'emergere come persona diversa.

"Nella famiglia disturbata, il mancato riconoscimento dei bisogni emotivi dei figli e la connessa invalidazione cognitiva ed emotiva delle percezioni e dei sentimenti infantili impedirebbero lo sviluppo della capacità fondamentale di fiducia in se stessi e nelle proprie percezioni.

Quando una conflittualità cronicizzata, nonché la persistenza di problemi gravi in famiglia, impedisce un adeguata cura parentale, i figli possono evidenziare comportamenti relazionali, che sono indicati dalla continua ricerca di una validazione affettiva, la cui stessa percepita indegnità, tuttavia, difficilmente potrà loro consentire l'appagamento e la stessa espressione". [76]

Nella realtà italiana, è molto frequente ma anche in altri paesi, che i figli di genitori che si separano, hanno meno di dieci anni, età in cui non è ancora comparso il pensiero ipotetico deduttivo, mentre bambini

---

[75] *Ibidem,* p. 32 - 33.
[76] Clarizia, *La relazione,* Ed. Anicia, Roma 2000, p. 61.

dai dieci ai quattordici anni, non riescono ad affrontare un cambiamento della realtà familiare.

Il bambino, si trova in una situazione nuova da gestire, richiedendo la ristrutturazione dei rapporti con i genitori, perché diminuiranno i contatti con il genitore che lascia casa e saranno più frequenti con quello rimasto.

La ristrutturazione, non è facile per un bambino se aveva instaurato un rapporto affettivo o preferenziale con l'altro genitore, da cui si può sentire tradito e abbandonato, ma anche il genitore rimasto dovrà adattarsi al nuovo ruolo, gestire da solo la casa, l'educazione del figlio; se il bambino avesse un rapporto migliore con lui, comunque dovrà modificare la relazione con il genitore, poiché egli sposterà le attese, le attenzioni, le dinamiche relazionali sul figlio, sostituendo il partner.

L'allontanamento di un genitore dal nucleo familiare, è inoltre percepito anche da questo bambino come un abbandono e ciò provoca in lui, il timore che anche l'altro genitore, possa andarsene e lasciarlo solo.

"Così anche se il genitore che resta con lui si mostra affettivo e comprensivo nei suoi confronti, si sviluppano in lui sentimenti di perdita, ma anche timori di ulteriore abbandono.

Tuttavia, è più frequente che tale genitore si presenta al bambino, da una parte più irritabile e più esigente e dall'altra meno disponibile ad ascoltarlo, perché portato nel momento di depressione che attraversa dopo la separazione, a chiudersi in se stesso e a manifestare la propria inquietudine e la propria tristezza". [77]

Il bambino quindi, non sempre riesce a superare la situazione, sentendosi a disagio, disorientato e timoroso di essere lasciato solo.

La paura di essere abbandonati, è tipica dei bambini che subiscono la separazione dei genitori: i più piccoli, presentano regressioni, irritabilità, alterazioni del sonno e dell'alimentazione, malattie psicosomatiche, mentre i più grandi hanno disturbi depressivi ed esprimono verbalmente paura di abbandono, ricercando dipendenza avendo già acquisito autonomia.

Il comportamento di un genitore, può essere di istaurare un rapporto molto stretto con il bambino rimasto con lui, o anche indifferente,

---

[77] scabini, *L'organizzazione famiglia tra crisi e sviluppo*, Ed. Angeli, Milano 1985, p. 85.

alimentando i timori di perdita e impedendo nel bambino la capacità di progetti personali, e di acquisire autonomia come individui.

Difficile, diventa anche continuare ad avere un rapporto con il genitore che ha lasciato il nucleo familiare, diventando sempre più estraneo. Ricordando le reazioni dei bimbi piccoli, solitudine e regressioni, ma anche ragazzi adolescenti, che cercano di escludersi dalle decisioni familiari, rifiutano i genitori, che influiscono negativamente sulla personalità del bambino che si sta formando.

Le reazioni di un bambino alla separazione dei genitori, possono essere differenti, infatti, egli potrebbe valutare la situazione cercando di spiegare cosa è successo, secondo la realtà.

Ovviamente è molto più semplice per un bambino adolescente, che può valutare o criticare, un comportamento di un genitore, manifestando l'ostilità verso questo.

"Sensi di frustrazione per non essere stato accettato o sentimenti di ostilità sviluppati nel corso di un'alleanza precedente, con l'altro genitore, possono far attribuire la colpa di ciò che è accaduto a un genitore, indipendentemente da come si sono svolti in realtà i fatti".[78]

Il bambino diventa più disponibile verso un genitore e aggressivo, e intollerante verso l'altro, accentuando i motivi alla separazione, la svalutazione, colpevolizzando il partner, rendendoli meno propensi ad aiutare il figlio.

Da non sottovalutare il disagio che può manifestare un bambino per un certo periodo, se non riesce a esprimere le proprie opinioni e a valutare in modo obiettivo la realtà.

Ed è proprio, attraverso la capacità di valutare la situazione che il bambino, inizia a riconoscersi come persona separata e a migliorare la propria identità.

"Attraverso il comunicare si può cogliere in modo sempre più definitivo il senso della propria identità e si può apprendere a vivere criticamente la realtà; il dialogo è in questo senso, un esercizio di libertà, ma che diminuisce e può connotare in chiave educativa la vita di un giovane e di adulti, genitori e figli". [79]

---

[78] Dell'Antonio, *Il bambino conteso,* Ed. Giuffrè, Milano, 1993, p. 87.

[79] De natale, *Genitori e isegnanti,* Ed. La scuola, Brescia 1999- p. 58.

Indispensabile, è la capacità dei genitori di comprendere le reazioni del figlio e aiutarlo a valutare la realtà, senza appoggiare le fantasie di colpa e le sue distorsioni, e senza drammatizzare ciò che sta succedendo.

"Quando nelle fantasie interagiscono tre dinamiche degli affetti, del dialogo e della comprensione, si pongono per i figli le premesse della costruzione di un senso personale, e la famiglia stessa, si organizza secondo un modello progettuale.

In particolare, in famiglia, sul piano psicologico la dimensione affettiva infonde sentimenti di accettazione e di sicurezza sul piano relazionale, la capacità di dialogo consente di sperimentare l'esperienza del confronto e della reciprocità, la disponibilità a comprendere, documenta la capacità di uscire dal mio io, per accettare l'io dell'altro".[80]

Sicuramente, è molto più difficile per i bambini piccoli, con un'età inferiore tra i nove e i dieci anni, che avendo una personalità fragile ed una identificazione ancora non chiara, non riescono a manifestare espressioni di negatività nel genitore.

Soprattutto i figli maschi, affidati di solito alla madre, subiscono sentimenti d'angoscia che sono rimossi e non espressi, e non riescono a manifestare sentimenti negativi verso il padre, anche se nell'ambiente in cui vivono, lo colpevolizzano.

Altri bambini, non riescono a superare con facilità, la separazione dei genitori, evadendo dalla realtà e rifugiandosi nella fantasia, attraverso giochi o disegni.

Una delle rappresentazioni più frequenti, è il desiderio della riconciliazione dei due genitori, ma anche sentirli più vicini, per proteggerlo e rassicurarlo nel corso della sua crescita.

Esistono dei comportamenti di bambini, come fughe o tentativi di suicidio, che preoccupano i genitori, ma anche reazioni ipocondriache, lamenti di disturbi lievi, o inesistenti, che accomunano l'interesse dei due genitori.

Alcune tappe dello sviluppo infantile e cognitivo, possono essere situate nel corso dello sviluppo infantile, ma non tutti i bambini, hanno le stesse reazioni a problematiche familiari, soprattutto se hanno

---

[80] *Ibidem*, p. 69.

interferito sui processi di crescita, o se non hanno soddisfatto i bisogni personali.

Questi tipi di problemi, possono essere trascinati fino all'età adulta, avendo difficoltà a uscire da soli dalla crisi, che può essere superata con l'aiuto degli adulti, rassicurando i figli sulla nuova situazione e soprattutto riconoscendo l'appoggio, e i sentimenti degli altri.

Per questo è importante che il genitore, che resta vicino al figlio, ma anche l'altro, comprendano il suo stato d'animo, anche quando egli non lo esprime, perché non sa ancora farlo o perché non ha il coraggio e senza condizionarlo sui sentimenti, e comportamenti.

Entrambi i genitori devono cercare di non riflettere il loro conflitto sul figlio, cercando di mantenere il rapporto con il genitore che se n'è andato, valutando l'importanza del bambino nella vita di questo, rilevando gli aspetti positivi.

Nella maggior parte dei casi, il genitore che ha l'affidamento del figlio, ha soddisfazione quando questo ha difficoltà con l'altro genitore, manifestando giudizi negativi, mentre il genitore che ha lasciato casa, può risentire del rapporto del bambino, con il genitore che vive con lui.

Capire di essere accettato da ambedue i genitori, è la prerogativa per recuperare la fiducia in se stesso e negli altri.

"Il superamento della crisi conseguente alla separazione dei genitori, è quindi difficile, ma non impossibile: esso dipende da come i suoi genitori si pongono di fronte alle sue reazioni e ai suoi bisogni e in genere da come essi riescono a gestire la loro crisi e da quando essi hanno bisogno del bambino, per superarla".[81]

Alcuni studi, hanno evidenziato come molti bambini superano le loro difficoltà, già nel corso del primo anno dopo la separazione dei genitori e come adolescenti, figli di genitori separati, non presentano differenze di struttura di personalità, rispetto a ragazzi che vivono con genitori uniti, presentando disturbi psichici, perché cresciuti con genitori in conflitto tra loro.

Sembra evidente, che continui contrasti, determinano disturbi nel bambino, ma anche l'ambiente che lo circonda, come amici o parenti,

---

[81] Dell'Antonio, *Il bambino conteso,* Ed. Giuffrè, Milano, 1997, p. 90.

può contrastarlo nel superare un brutto momento, ascoltando continue critiche, giudizi, che sono dolorosi di una toccante realtà.

L'unico atteggiamento positivo, sembra quello di accettare la verità dei fatti e di essere flessibili e dinamici, adeguandosi anche a un nuovo partner di un genitore.

Infatti, un bambino che si sente abbandonato, può manifestare distacco nei confronti di questo nuovo partner, sia perché ancora non ha superato le sue difficoltà, sia perché il nuovo partner, si comporta in modo diverso rispetto a quel genitore, in modo cordiale, gentile, competitivo.

La situazione, può diventare più grave quando, questa nuova figura di tipo genitoriale, ha dei figli, allora il bambino può essere geloso di loro, temendo che il genitore possa considerarli allo stesso modo e non preferendolo, percependo che accettando un nuovo partner, bisogna accettare anche i loro figli.

I rapporti, diventano difficili, quando tra i figli di genitori separati, iniziano rivalità, risaltando altri problemi al posto di istaurare un nuovo legame.

La nuova situazione comporta naturalmente, la collaborazione di tutti i membri e l'adattamento dei bambini, ad accettare la nuova situazione, comprendendo le dinamiche di rapporti familiari che si vanno disegnando.

In una ricerca di Walker e Messinger, sono state confrontate ad ascoltate, 22 coppie che avevano avuto una successiva esperienza coniugale positiva, evidenziando la difficoltà iniziale di istaurare i rapporti tra bambino e nuova coppia genitoriale, in cui tutti devono ridimensionare le aspettative reciproche e ridefinire il loro ruolo.

Un periodo che è possibile superare, se gli adulti assumono atteggiamenti di tolleranza e non imposizione, se forniscono al bambino aiuto per verificare nella realtà le loro disponibilità e se rispettano i tempi e i modi con cui il bambino supera le sue difficoltà, valutando la nuova esperienza che può essere positiva per il bambino, arricchendo la sua esperienza cognitiva e relazionale.

5. L'esperienza della separazione

Quando due genitori, che arrivano a separarsi, non riescono a trovare un'intesa, per andare d'accordo, complicano ulteriormente le cose.

Se il loro rapporto, si basa esclusivamente sul criticare l'altro genitore in modo negativo, ostacolano il superamento della crisi, ma soprattutto tendono a evidenziare, il cattivo comportamento di un genitore, per sopravvalutare il proprio, sia per quanto riguarda l'educazione, sia per accattivarsi la preferenza del figlio.

Il bambino, infatti, non riesce a capire e a gestire la situazione, trovandosi in un rapporto deteriorato, con entrambi i genitori.

Questi, cercano di trasmettergli la propria interpretazione dei fatti, e ognuno di loro lo influenza, limitando le sue possibilità di esprimere i suoi reali stati d'animo.

La situazione di contrasto, litigi tra i coniugi di fronte ai figli, per motivi che lo riguardano, dà conferma al bambino di essere causa di disgregazione familiare, creando eventi, dove il bambino è messo in secondo piano, e non come protagonista, ma come spettatore di ciò che sta succedendo.

"In una recente ricerca sulla percezione di sé e degli altri, nei nuclei familiari divisi, in cui persiste conflittualità, è stata evidenziata una tendenza dei genitori a supervalutare il proprio ruolo, rispetto a quello dell'altro, ma anche ad attribuire al figlio un ruolo marginale, caratterizzato da dipendenza e passività.

Ma è stata evidenziata, anche la tendenza dei figli a percepire ambedue i genitori più esigenti, che disponibili nei loro confronti ed a sentirsi sostanzialmente marginalizzati, nella dinamica familiare.

D'altra parte, la stessa ricerca, metteva in luce come ambedue i genitori se da una parte ipotizzavano un insufficiente interesse dell'ex coniuge, verso il figlio, dall'altra non consideravano la disponibilità verso quest'ultimo, come sua caratteristica specifica della loro stessa validità".[82]

---

[82] Dell'Antonio, *Il bambino nella separazione dei genitori,* Quaderno n. 4, *Pianeta infanzia. Questioni e documenti,* Istituto degli Innocenti, Firenze 1998, p. 19.

Il figlio quindi, è una persona con i propri bisogni da soddisfare e partecipa agli eventi, rischiando di coinvolgerlo, in problematiche e insicurezze.

La stessa ricerca, metteva in evidenza l'importanza del genitore affidatario, nel ruolo determinante dell'evoluzione delle vicende familiari, nella lotta per il bambino, oltre al desiderio di averlo con sé, anche l'intento di utilizzarlo per raggiungere una posizione di potere nei confronti dell'altro genitore.

Il bambino, non trovando un punto d'appoggio, è anzi strumentalizzato dai genitori, subendo passivamente i contrasti e non riuscendo a superare da solo tale crisi, si allontana dalla situazione, attraverso un distacco emotivo da essa che riprende con il disinteresse dalla realtà che lo circonda, dell'apprendimento e dei contatti sociali.

Questo comportamento di allontanamento, potrebbe sfociare in vagabondaggio, fuga, tentativi suicidio, ma anche assunzione di alcool e droga.

Di solito però, vi è la scelta di un genitore e della sua verità, di una sollecitazione continua di preferenza, anche indiretta, con la diversa nazione dell'altro e con rimproveri se il figlio, s'interessa a lui.

Il senso di delusione, che accompagna la crescita di un bambino, che è conteso dai genitori, al posto di superare questo momento di crisi.

Spesso il bambino, resta nella casa in cui viveva, legato a rapporti con la scuola o con gli amici, e con il genitore che gli dà più sicurezza e protettività, anche se lo costringe a un rapporto di dipendenza o d'indifferenziazione.

Scegliendo un genitore, il bambino rifiuta l'altro, non tanto per il desiderio di non incontrare un genitore, non voluto o temuto, quanto dal bisogno di non essere maltrattato dall'altro genitore, percepito più efficace dagli elementi della realtà, ma anche a fantasie personali.

Il genitore rifiutato, solitamente il padre, ma anche la madre, è percepito come debole, bisognoso d'aiuto o non in grado di darlo, ma mai interpretato come minaccioso o ostile, mentre la figura materna, viene definita, poco disponibile al figlio o addirittura assente.

L'esperienza di un bambino, è quella di abbandono o di paura di perdere i genitori, non dimenticando che le problematiche inerenti, sono accentuate da provvedimenti giudiziari e da una consulenza, che li coinvolge ancora di più nei contrasti dei genitori.

"Solitamente i genitori, non comprendono l'atteggiamento di rifiuto del figlio, il genitore non affidatario, tende ad attribuirlo a pressioni e strumentalizzazioni del genitore affidatario, mentre questo lo attribuisce ai suoi comportamenti e alla sua incapacità di genitore".[83]

Per questo motivo, il bambino si sente in colpa, perché il suo comportamento alimenta i contrasti dei genitori, attribuendo la causa a un genitore e rifiutandolo di vedere.

Comportandosi così, il bambino si difende e cerca di proteggersi, per non affrontare la situazione.

Sicuramente in questi casi, il bambino istaura un rapporto diverso con i genitori, con il genitore affidatario, egli vive, è accudito, protetto, mentre con il genitore che si è allontanato, egli sente le lamentele dell'altro genitore, che il bambino assimila e sono un tentativo per avere la preferenza del figlio.

Il bambino però, negli incontri con il genitore, difende sempre il genitore con cui vive e proprio il rifiuto di incontrarlo, lo inducono ad attribuire la causa di plagio, all'ex coniuge.

Di solito, è sempre il genitore che ha lasciato casa, a tentare di convincere il figlio, per la paura di perderlo, mentre l'altro sembra non capire, il cambiamento dei rapporti tra bimbo e genitori, le problematiche e i timori che il figlio sviluppa, se conteso tra i contrasti dei genitori.

Con l'aumento di discussioni, sia per l'accusa di plagio, sia per definire incapace un genitore, che vi è spesso anche il ricorso all'autorità giudiziaria; aumentando così i rancori, i litigi, che portano il bambino a cercare presto dipendenza, per essere felice e sereno.

A volte la reazione a litigi dei genitori, è per il figlio, così grave, da sentirsi in colpa per ciò che succede, attivando atteggiamenti compensatori di sicurezza, funzionali nel suo rapporto con gli altri.

In questa situazione, possono accentuarsi stati depressivi, sintomatologie psicopatologiche, che incidono negativamente sul rendimento scolastico e che non superano facilmente, se non attraverso l'intervento di elementi esterni.

---

[83] *Ibidem* p. 96.

Questi, possono aiutare il bambino a capire la realtà, indirizzandolo verso l'indipendenza personale, distaccata dai conflitti dei genitori.

Ma non sempre i genitori, accettano l'intervento che sostituisce il ruolo educativo genitoriale, sia per non sentirsi sconfitti, di aver fallito con il rapporto del figlio, sia perché hanno bisogno del figlio, per sentirsi validi, limitando anche i contatti extra familiari.

Il loro attaccamento morboso, porta all'attribuzione di un ruolo, in sintonia con il loro fantasma familiare, istaurando con il bambino un rapporto d'indispensabilità reciproca, che lo gratifica, ma che non riesce a capire, perché le sue caratteristiche personali, non glielo permettono.

Tra i ruoli più importanti, ricordiamo quello del bambino – partner, dove il figlio sostituisce il ruolo di adulto, che non ha appagato le proprie esigenze o che non ha voluto.

Di solito, è sempre un genitore di sesso opposto, che il bambino interpreta, e accettando tale figura di riferimento, può vivere un rapporto di rivalità con questo genitore, ma anche il rifiuto di avere una relazione con lui.

Quando invece, il bambino non riesce ad accettare questo ruolo, può subire il disprezzo del genitore, che avviene soprattutto nel momento in cui inizia i suoi contatti con il sociale, uscire con gli amici, la scuola, imparare e arricchirsi cognitivamente, che lo portano verso l'autonomia, distaccandosi dal rapporto dipendente dei genitori.

Altrimenti, se il rapporto con i genitori, era molto forte, egli può sentirsi inadeguato con i propri coetanei, provare sensi di colpa, per aver tradito i genitori, o soffocato nel non riuscire a sciogliersi da questo legame morboso.

Anche il figlio però, può sentirsi messo da parte, trascurato, quando i genitori istaurano un nuovo rapporto di coppia, reagendo con atteggiamenti di ribellione e di aggressività, che non lo aiutano a risolvere la situazione. Si alimenta, così nel figlio, una mancanza di fiducia in se stesso, e negli altri, che bloccano la sua naturale capacità di costituire dei rapporti diversi, più veri e reali, di quelli che ha conosciuto.

6. I Fratelli

Durante una situazione di disgregazione familiare, esistono differenti reazioni, quando in una famiglia, esistono più figli.

I comportamenti dei genitori, nei confronti dei figli, sono diversi, con uno si riesce ad esempio, a istaurare un rapporto di alleanza, con l'altro di ostilità o indifferenza, facendo nascere tra di loro, sentimenti negativi d'invidia o di gelosie.

In questi nuclei familiari, sono rari i rapporti di collaborazione, infatti, se i genitori litigano tra di loro, trascurano i figli, che possono relazionarsi ad altre persone, sia i bambini piccoli, sia i grandi, che hanno una personalità già più formata e sono più sicuri di sé, da assumere un ruolo genitoriale positivo.

Nel senso che, alcuni genitori più sensibili alle esigenze dei figli, non li coinvolgono nei contrasti degli adulti, trovando nel ruolo figlio-genitore, un sostegno e una possibilità, di aiutare e accudire i figli più piccoli.

Così, più di frequente, nelle famiglie in crisi, i genitori passano il loro tempo a discutere tra di loro, senza preoccuparsi di educare i figli che tendono a competere tra loro, per avere più considerazioni per i genitori.

Ci sono anche alcuni bambini, che s'isolano, perché non riescono a comportarsi come gli altri fratelli e si sentono a disagio, vivendo con negatività, l'esperienza fraterna.

In una situazione di separazione dei genitori, la maggior parte delle volte, i figli sono affidati al genitore che più si preoccupa dell'educazione e del mantenimento economico, pensando che la famiglia, non debba essere divisa, così i fratelli si trovano ad avere opinioni diverse, incrementando i contrasti.

È difficile, quindi riuscire a istaurare un rapporto con un figlio, alleato con un genitore, anche perché ha personalmente difficoltà, a superare la sua crisi.
Altrettanto complicato è allearsi con il genitore che si è allontanato, anche perché potrebbero sorgere timori di perdere il genitore rimasto in casa.

Nasce la competizione, la gelosia, la rivalità tra i fratelli, quando uno di loro, che ha bisogno dell'affetto e della presenza di un genitore, cerca di capire, di accettare un genitore, nonostante questo abbia un atteggiamento scorretto.

La nuova divisione, avviene in famiglia, quando un fratello si allea con un genitore, che critica l'altro.

Il genitore, infatti, può utilizzare il figlio, cercando di portarlo sempre di più dalla sua parte, di solito succede, quando sono dello stesso sesso.

Tra fratelli, se uno di loro, sente la necessità anche di superare un rapporto con il genitore che si è allontanato, lo fa sia per bisogno personale, sia per il sogno di vedere il genitore, di nuovo far parte della famiglia.

I contrasti sono più intensi, se ci sono più figli, in una separazione, forse perché un bambino può sentire, che il genitore vuole bene di più a un fratello che a lui, o anche quando si notano delle differenze, ad esempio, se un genitore si vede più volte con un figlio e con un altro di meno.

Per questo motivo, i fratelli possono litigare tra loro, peggiorando, se un genitore si accorge dei diversi atteggiamenti nei riguardi dei figli o se un genitore non pensa ai propri, ma a quelli del suo nuovo partner.

"Con la separazione e il divorzio, i due coniugi, cessano di essere marito e moglie, ma continuano ad essere per tutta la vita genitori dei figli, nati dalla loro unione.

E, a meno di gravi problemi o inadeguatezze, l'uno e l'altra, continuano a essere pienamente responsabili della crescita e dell'educazione della prole e nell'interesse di questa, sono tenuti a svolgere in accordo fra di loro, le funzioni genitoriali richieste".[84]

E invece, assistiamo durante una separazione, ad atteggiamenti di aggressione e svalutazione, che ognuno dei due coniugi mette in atto, nei confronti dell'altro, utilizzando involontariamente i figli.

"Ad esempio, il mostrarsi addolorati o offesi, colpevolizzando in questo modo il figlio, quando esprime il desiderio d'incontrare l'altro genitore (vuoi uscire con papà, perché non stai bene con me?), il criticare continuamente l'ex coniuge, parlando con il figlio o in sua presenza ("tua madre non cambia mai, sarà sempre una bambina viziata"), il sottolineare la sua somiglianza con un genitore per

---

[84] Abignente, *Le radici e le ali,* Ed. Liguori, Napoli 2002, p. 281.

caratteristiche fisiche o di personalità, come negative ("hai gli stessi capelli di tuo padre o sei testarda come tua madre"), attribuire la causa di comportamenti non apprezzati del figlio, magari espressione di normale opposizione adolescenziale, all'influsso negativo o dall'eredità cromosomica, ricevuti dal genitore".[85]

"La svalutazione o la forma di aggressione verbale di entrambi i genitori, influenza profondamente i comportamenti del figlio, infatti è un fenomeno che nelle letteratura psicologica familiare, in particolare negli studi di psicologia giuridica, viene indicato con il termine di *Sindrome di alienazione genitoriale.*

È definito, come il comportamento di uno o più figli, che nella situazione del conflitto intergenerazionale diventa ipercritico o denigrante, nei confronti di uno dei due genitori, perché l'altro lo ha influenzato, in questo senso indottrinandolo adeguatamente".

Il benessere emotivo di un figlio, in una situazione di separazione dei genitori, dipende dalla possibilità di continuare un rapporto d'interesse e l'amore da parte dei genitori, mantenendo con entrambi una relazione vera, soddisfacente e non conflittuale.

Per questo è importante, che in ogni situazione di separazione, ognuno dei due genitori, abbia la maturità e la saggezza, per continuare a legittimare l'altro genitore agli occhi del figlio e consentirgli, un contatto gratificante e non rovinato dai contrasti coniugali.

Andrea e Simone

Sembra interessante, descrivere una situazione di separazione dei genitori, che ritornano nel proprio nucleo d'origine, evidenziando un'esperienza triste di chi vive una disgregazione familiare.

Andrea, di dieci anni e Simone di nove anni, sono i figli di questa ex coppia, affidati alla madre, con la quale hanno un tipo di rapporto diverso.

La mamma, è una donna rigida, che si occupa dell'educazione dei figli, portata a dare ai figli, le cose essenziali, ma non a soddisfare desideri superflui.

---

[85] *Ibidem* p. 284.

Andrea, trova sempre il pretesto per criticare e accusare la madre di qualcosa, mentre Simone, ha un rapporto più affettuoso con lei. Le relazioni si complicano, quando il padre, chiede l'affidamento dei figli e dopo una breve convivenza, i bambini, non erano tanto contenti.

Il padre, era tornato a vivere con i genitori e con la sorella nubile, ed era felice di avere in casa Andrea, accudita come la figlia mai avuta dalla sorella, mentre Simone, si sentiva a disagio, preferiva vivere con la sua vera madre.

I fratelli tra loro, a volte litigavano, anche pesantemente, tanto che dovevano dividerli e avevano questi diversi modi di istaurare, e accettare la situazione.

Andrea, aveva ascoltato le critiche della madre nei confronti del padre, di non aver mai provveduto all'educazione dei figli, di aver abbandonato casa.

Questo lamentarsi, della madre, ha messo in atto in Andrea, la forza di difesa del padre, mentre Simone, accetta questa svalutazione, perché preferisce stare con la madre.

Le reazioni di Andrea sono di una forte dipendenza dalla famiglia del padre, ricca di attenzioni e affetto, e una mancata identità, evidenziata, infatti, in alcuni disegni sul nucleo familiare.

Simone invece, sembra mostrare per la sua età, una forma di depressione, dimostrata nel muoversi poco, anche a scuola e nell'accettare la nuova situazione.

In questi disegni, in cui ognuno di loro, doveva rappresentare la famiglia, Andrea, ha raffigurato la famiglia paterna, la zia, il padre, i nonni e i due fratelli, mentre su richiesta, ha disegnato la madre, con la nonna; Simone invece, ha rappresentato sempre la famiglia del padre, senza se stesso, ma scrivendo *"io"*.

Di questa situazione psicologica dei bambini, i genitori non sembravano coscienti e non accettavano la realtà.

Le accuse della bambina, manifestazione più evidente dei suoi disturbi nel processo di differenziazione e di assunzione d'identità separata, erano funzionali al loro modo di vivere e gestire la situazione.

Il padre, riceveva un incremento nella sua giustificazione, sulla valutazione della moglie e per il suo abbandono, dovuto anche allo stato di conflitto, mentre la madre, trovava una giustificazione al rifiuto della figlia, per l'influenza e le accuse d'incapacità pedagogica, dall'ex coniuge.

Ammettere il disturbo di personalità della bambina, voleva dire per entrambi accettare un cambiamento, attraverso l'intervento psicologico, ma questo richiedeva anche un loro cambiamento di rapporti e una messa in discussione dei loro punti di vista, delle loro ottiche pedagogiche, ma anche del loro modo di essere e di rapportarsi alla realtà, ed essi non erano pronti a tale cambiamento.

La depressione del bambino e il suo difendersi isolandosi emotivamente dalla realtà, d'altra parte erano altrettanto funzionali sia al padre, che non aveva nessun interesse su di lui, ma sulla bambina, rilevando l'ostilità dell'ex moglie, sia alla madre che non aveva motivi di scontro con lui e quindi lo poteva subire, come prova della sua validità pedagogia.

Capitolo Quinto

"L'INTERVENTO GIUDIZIARIO"

1. *Tutelare il minore*

Molto spesso, le persone che arrivano a una situazione di separazione, si rivolgono al giudice per risolvere problemi inerenti, l'affidamento dei figli, il mantenimento economico e l'accordo per vederli.

"L'attuale Diritto di Famiglia italiana, prevede che il giudice si pronunci sull'affidamento dei figli "con esclusivo riferimento" al loro interesse, ma questo interesse non è ulteriormente specificato ed è lasciato alla sua discrezionalità, pur con la facoltà di assumere prove di propria iniziativa". [86]

La decisione di affidare un figlio a un genitore, scaturisce dalla fiducia del giudice, nei confronti del genitore, per l'interesse del minore, che debba superare anche con mille difficoltà la separazione, essere soddisfatto sia materialmente, sia psicologicamente.

Appagare i bisogni dei figli, per crescere serenamente, vivendo in un ambiente, dove è informato correttamente di ciò che sta succedendo, senza distorsioni, che possano influenzarlo, renderlo insicuro e alimentando interpretazioni di abbandono e di colpa.

Naturalmente un bambino, può scegliere di stare con un genitore, distaccandosi dall'altro, perché si senta più sicuro e protetto, ma diventa importante la mediazione del genitore che il figlio possa rapportarsi anche con l'altro.

---

[86] Dell'Antonio, *Il bambino conteso*, Ed. Giuffrè, Milano 1993, p. 115.

Educare a crescere alla libertà di agire e pensare, senza influenze negative, che possono distogliere un comportamento naturale, di poter comportarsi secondo i propri bisogni.

Tutelare il minore, da parte del genitore che è più in contatto con lui, per soddisfare le sue esigenze, essere disponibile, prendendo in considerazione tratti della personalità, anche se talvolta, sono sottovalutati gli stati d'animo o la sua capacità di capire ciò che sta avvenendo.

Nella legislatura italiana, il giudice non è preparato specificamente in materia di separazione, o della famiglia, ma si avvale della sua autorità per valutare l'affidamento dei figli e la situazione, secondo la sua cultura, i suoi valori e la sua esperienza personale.

Quindi un figlio può essere affidato, in base alla dipendenza da un genitore, o a una valutazione di un comportamento negativo dell'altro.

Un giudizio morale generale, rileva il disagio vissuto dei genitori che si separano e l'innocenza del figlio, che possa comunque adattarsi alle scelte dei genitori, superando le difficoltà iniziali.

Altra decisione importante, è ritornare nella famiglia d'origine, per motivi economici, in cui nonni e parenti, condizionano la dipendenza e l'importanza decisionale.

Evidenziando lo stato dei conflitti dei genitori e trascurando lo stato psicologico di un bambino, per la mancata soddisfazione dei suoi bisogni, motivo di maggiori discussioni.

Quando il bambino è piccolo, di solito è affidato alla madre, ma recentemente è stato preso in considerazione anche l'affidamento del padre, che possa comunque avere un atteggiamento di disponibilità affettiva verso il figlio, rivalutando la figura del padre, come persona, piuttosto di valutare l'istituzione nei suoi singoli ruoli.

Per i ragazzi adolescenti invece, si cerca di affidarli al genitore dello stesso sesso, come riferimenti d'identificazione, con il quale istaurare un buon rapporto.

Durante una causa di separazione, di solito il giudice ascolta i figli, che hanno dai dodici anni in su, per chiarire quali sono le preferenze dei bambini, tenendo conto dell'interesse dei genitori, della loro disponibilità, del loro modo di dare valore alla famiglia e di affrontare la situazione.

Se esistono più figli, sono affidati tutti a un solo genitore, per farli vivere e crescere insieme, in un nucleo familiare.

Nella maggior parte dei casi, l'affidamento è sempre rivolto alle madri, per il loro modo di considerare la famiglia e i rapporti con il bambino, per le maggiori cure, che possono dare ai figli, infatti, secondo alcuni dati dell'Istat, solo il 10% dei bambini, tra i sei e i nove anni, viene affidato al padre.

"Un altro stereotipo culturale, è quello secondo cui, la donna trova la sua realizzazione e valorizzazione nell'allevamento dei figli.

Una donna separata dal marito, che vive senza figli, può pertanto perdere di fronte all'opinione pubblica, più dell'uomo, il suo ruolo sociale e può sentirsi emarginata; indipendentemente da come si sono svolti i fatti, la gente tende infatti a chiedersi il motivo del mancato affidamento dei figli alla madre, e a scorgersi un senso di colpa, della donna, nella separazione o di suo scarso sentimento di maternità, mentre ciò non succede se è il padre a vivere senza i suoi figli". [87]

Il progressivo affermarsi della valorizzazione della persona, dei membri della famiglia, ha evidenziato l'interesse del bambino, rivalutando i suoi bisogni concreti e i suoi rapporti con i genitori.

Non dimenticando, che i genitori, trasmettono l'educazione dei valori ai figli, quindi per valutare l'interesse del bambino, si fa ancora riferimento alla condotta morale e ai loro principi etico – sociali.

"In merito ai criteri di assegnazione della prole in caso di separazione dei genitori, Scardullo, dimostra una sensibilità alle problematiche affettive del bambino, invischiato nella conflittualità dei genitori e si preoccupa dei suoi interessi psichici, non esita a considerare primaria, nella valutazione del genitore la sua moralità, perché questo potesse garantire validi esempi di comportamento al figlio.

In alcuni casi, va sacrificato anche se il sentimento del figlio verso il genitore, perché il relativo trauma, può essere compensato da nuovi veicoli di affetto, che non tenderanno a formarsi specialmente se il genitore affidatario, avrà veramente capacità educative". [88]

---

[87] *Ibidem* p. 121.

[88] Scardulla, *La separazione personale dei coniugi,* Ed. Giuffrè, Milano 2008, p. 124.

L'affidamento alla madre nei primi anni del bambino, è largamente diffuso e accettata da quest'autore, che giustifica l'apprendimento di cose semplici nei primi anni, è impartito, anche da genitori non molto qualificati per una sana educazione.

Poco diffusa, è una cultura psicologica, in materia di affidamento dei figli, che valorizza il bambino anche piccolo, come persona e il suo genitore, per la possibilità di trarne elementi costruttivi per la sua personalità. L'interesse del minore compare nella legislatura italiana, a proposito del bambino, con genitori separati, solo con il Diritto di famiglia.[89]

A differenza di quanto avviene negli altri Stati[90], non esistono in Italia, riferimenti standard di ottiche nella definizione di tale interesse e questo rimane legato alla cultura, e all'orientamento ideologico dei genitori e del magistrato che pronuncia la separazione.

2. L'affidamento

Valutare l'interesse del bambino e rilevare la scarsa attenzione del bambino, come persona, sono elementi indispensabili, per rilevare il rapporto del bambino con i genitori, dopo la separazione, perché definire la relazione con il genitore con cui il bambino andrà a vivere e con l'altro, sono importanti per il suo sviluppo psichico.

"Non raramente, invece i genitori sono portati a sentire il fatto di aver affidato il figlio come un segno di rassicurazione e valorizzazione personale, ma anche di potere, rispetto all'altro.

Anche il loro comportamento successivo ne viene condizionato e i motivi della scelta effettuata o avvallata dal giudice, e le condizioni dell'affidamento da lui sancite o accettate, possono diventare ulteriori motivi di conflitto".

---

[89] Negli Stati Uniti, la definizione "interesse del minore", compare nel 1925, in un testo giuridico, ma è adombrata secondo Franklin e Hibbs, già in un testo del 1880, *La custodia del bambino*, in cui la madre è considerata genitore affidatario ideale, se il figlio ha meno di sette anni, per la sua disponibilità ad accudirlo.

[90] Molti Stati, definiscono criteri che contemplano i bisogni di protezione e di autonomia del bambino, le sue potenzialità e la capacità, e disponibilità dei genitori ad assecondarli. Degli Stati del Michigan e del Minesota, si conoscono punti precisi che includono anche la verifica della precedente stabilità dei rapporti con i genitori e con il contesto sociale, nelle scuole e nelle comunità.

I litigi dei coniugi, sono maggiormente dovuti dal desiderio, di avere il bambino in affido, anche per non sentirsi perdenti.

Convinzione molto diffusa, è che quando un figlio è affidato a un genitore, trascura il rapporto con l'altro, determinando un taglio nella sua vita affettiva e di relazione, e la diminuzione delle sue esperienze di vita e dei suoi sentimenti.

Il figlio quindi, anche piccolo, va incontro a disagi psichici gravi, perché uno dei suoi bisogni fondamentali è proprio il poter continuare la relazione con entrambi i genitori.

Consapevoli di tale bisogno, si è sperimentato in alcuni Paesi, l'affidamento congiunto, in cui entrambi i genitori sono impegnati nell'allevamento dei figli, decidendo insieme e discutendo in base alle circostanze, le cure fondamentali del figlio, dove vive abitualmente, gli spazi di vita con il genitore, chi lo accompagna a scuola o per andare ad attività extrascolastiche, ed eventuali visite mediche.

L'affido congiunto è diverso da quello alternato, in cui il figlio, vive alternativamente prima con un genitore e poi con l'altro, ritenuto da esperti come psicologi e giuristi, non adatto alla crescita di un ambiente stabile, mentre nell'affido congiunto, le decisioni sono prese in comune, il figlio risiede comunemente dai genitori, compiendo la relativa gestione del figlio e il sostanziale riconoscimento reciproco della validità genitoriale.

Inoltre, in tale tipo di affido, i rapporti sono più elastici, per appagare le esigenze di tutti e consentire la continuità di relazione con entrambi i genitori, che possono smettere di mantenere i loro legami conflittuali, istaurando una collaborazione insieme, sia per educare il figlio, nonostante la divisione coniugale, sia per aiutare il figlio a superare la sua crisi, dovuta alla disgregazione familiare.

Il figlio in questo modo, non è più usato dai genitori, ma riesce a trovare spazi per crescere autonomamente e a istaurare un rapporto affettivo con il genitore escluso, vivendo un legame più soddisfacente e disponibile nei suoi confronti.

"La diffusione di questi convincimenti ha fatto sì che attualmente l'affido congiunto, sia sempre più frequente e previsto dalle legislazioni di vari Paesi, anche europei e che in alcuni di essi (come la California e la Svezia), esso sia considerato l'unica forma di affidamento prevista nell'ambito giudiziario, mentre i genitori devono giustificare al giudice altre forme di affidamento che intendono adottare.

Certo l'affido congiunto è ancora raramente utilizzato in Italia, nonostante che la legge sullo scioglimento del matrimonio lo prevede e ne auspichi l'attuazione anche in ambito di separazione coniugale; merita quindi essere più conosciuto il dibattito che si è aperto negli ultimi anni sulle possibilità pratiche della sua applicazione".[91]

Se l'affido congiunto, può prevenire disagi emotivi del bambino, conseguenti alla separazione dei genitori, alla perdita di contatto con uno di essi o alle continue discussioni, richiede una disponibilità e una comunicazione, necessaria per definire gli incontri e le decisioni.

È comprensibile, che i genitori, abbiano maggiore stima di sé, conservando un'immagine positiva dell'altro, in modo di riuscire ad affrontare la situazione, accettando anche il figlio come persona autonoma, di recepire senza distorsioni, le sue esigenze che mutano con il cambiare delle sue esperienze e dei suoi bisogni.

Sembra necessario, infine che i genitori, sappiano comprendere e accettare, senza entrare in ansia, i sentimenti del figlio, infatti, l'affidamento congiunto, non è sereno se essi tendono ad averlo come alleato, o per valutare un genitore migliore dell'altro.

"Dell'Antonio, peraltro fa notare che in tale tipo di affido, è molto comune che il bambino sviluppi sentimenti ambivalenti verso ambedue i genitori e allora è importante che essi riescano anche a tollerare le sue manifestazioni di ostilità nei loro confronti, senza che ciò susciti la loro risposta aggressiva verso di lui o il risentimento verso l'ex partner"[92].

Lo stesso autore, che ha seguito alcuni casi di affidamento, con esito positivo per i figli, fa notare come i genitori debbano avere comprensione ed essere pazienti, alla perdita di controllo dei figli e come siano egli stessi ad avere difficoltà a mantenere la calma.

Se i genitori, riescono a far fronte alle dinamicità dei rapporti e dei cambiamenti, riescono a comprendere i figli e loro, a non sviluppare sentimenti di perdita, né reazioni depressive, dopo la separazione dei genitori, mantenendo con entrambi un legame affettivo positivo.

---

[91] Conte, Dell'Antonio, *Competenze del Giudice Tutelare*, 1984, p. 773.
[92] *Ibidem*, p. 810.

L'ipotesi dell'affidamento congiunto, dopo la separazione, può essere proposto e illustrato nei suoi vantaggi, a coniugi che mostrano uno scarso grado di contesa e che riescono nelle discussioni a trovare una soluzione per i loro contrasti.

Quando invece, troviamo uno stato di conflitto superiore, in cui il figlio è strumentalizzato come attacco, per l'altro genitore, l'affido congiunto, appare improponibile.

In questi casi, si tende a escludere un genitore e all'intervento del giudice, che cerca di definire una scelta sopra le parti, tra i coniugi che vogliono avere ragione e che non sono disposti a trovare un compromesso, perché sono arrivati alla rottura di qualsiasi rapporto.

I giudici, chiamati a giudicare più il comportamento dei genitori, che a decidere un giusto rimedio per il bene dei figli, quindi a valutare la condotta di un genitore, che il rapporto che questo ha con il figlio e della sua disponibilità di collaborare con il coniuge, per l'allevamento del figlio.

Sembra comunque molto difficile, decidere quale dei due genitori scegliere, per affidare un figlio; una decisione presa, in seguito a valutazioni sulla realtà dei fatti, sui genitori, per riuscire a far crescere il bambino con un genitore, che sia di sostegno, in un ambiente, senza fargli nascere conflitti interni.

Potrebbe essere preso in considerazione nei due genitori, la capacità di superare la crisi personale, conseguente alla separazione, che consente di non aver più bisogno del figlio, nella definizione di sé e della propria validità, permettendo che egli sviluppi atteggiamenti e valutazioni personali, nei confronti della situazione familiare.

O anche, la capacità di un genitore, piuttosto che dell'altro, di contenere le ansie del figlio e di aiutarlo ad elaborare, e superare i suoi sentimenti d'integrità familiare.

Oppure, una maggiore disponibilità dei due genitori a permettere di vedere il figlio, senza ascoltare il rapporto con lui, anche attraverso la sua svalutazione o la sua incoerenza negli atti e nelle parole.

"In una recente ricerca sui criteri di affidamento dei figli nelle separazioni giudiziali svolta in alcuni Tribunali italiani, è stato messo in evidenza peraltro come i giudici, nelle decisioni per l'affido hanno stabilito, con il figlio o della loro disponibilità a permettere a questi l'accesso all'altro genitore, mentre siano più attenti a definire la validità o del comportamento di quello scelto quanto piuttosto, attraverso la dimostrazione della non validità dell'altro". [93]

La scelta, non è semplice, soprattutto se a valutare, è un osservatore esterno, che avendo preso una decisione, per far crescere serenamente un figlio, può non essere accettata da lui e dai genitori, con la conseguenza di successivi disagi.

3. Ascoltare i figli

Per arrivare a un giudizio, dopo la presentazione diversa dei genitori, della situazione, il giudice può ritenere opportuno, ascoltare i figli, per capire con quale genitore vorrebbero stare, o per avere elementi utili per una decisione.

Qualche volta, sono gli stessi genitori che chiedono di interrogarli, per verificare la loro tesi.

I ragazzi adolescenti, sono contenti d'incontrare il giudice, per avere una parte attiva, infatti, parlare con il giudice, diventa per loro un segno dell'esistenza di una persona autonoma.

Questi ragazzi, hanno a volte bisogno di tale conferma, indipendentemente dalle decisioni che poi saranno prese, anche perché il più delle volte, hanno veramente difficoltà a vivere con un genitore che non tenga conto del loro modo di porsi di fronte alla situazione e di fronte all'altro genitore.

Nella nostra legislazione, non vi è una norma precisa in merito; il Diritto di Famiglia, nei suoi articoli, dedicati all'interesse del minore in caso di separazione coniugale, non fa accenno a una dichiarazione esplicita al giudice, da parte del minore.

Altre legislazioni, come quella degli Stati Usa, Austria e Spagna, prevedono invece l'espressione di preferenza da parte del figlio, se pure in età diverse, o comunque il suo ascolto se il giudice, lo ritiene indispensabile, come negli Stati Usa e in Francia, o se il bambino accetti l'accordo proposto dai genitori, come in Germania.

---

[93] Dell'Antonio, *L'affidamento dei minori nelle separazioni giudiziali*, Ed. Giuffrè, Milano 1992, p. 49.

Il parere dei figli, è considerato importante, dopo dieci – dodici anni, ma in alcune legislazioni è considerato possibile tenerne conto anche prima, se esso appare ragionevole e non estorto.

"Un primo problema, che si pone è quindi relativo all'affettiva capacità del bambino di esprimere valutazioni personali e di compiere scelte a lui favorevoli. Giuristi e psicologi, si sono cimentati in passato su questo tema: in linea di massima, si può dire che vi è una convergenza sul ritenere che esse siano presenti verso i 12 anni, età in cui il bambino sviluppa, appieno le sue capacità logiche". [94]

La maturazione cognitiva, è frutto sia di un processo graduale, che si svolge durante gli anni di crescita, maturando strumenti di elaborazione cognitiva, che gli permettono di strutturare opinioni personali, sia del comportamento dell'adulto, che può rafforzare le dipendenze e i condizionamenti infantili o aiutare il figlio che cresce, a diventare sempre più capace di elaborare autonomamente gli stati provenienti, dalla sua esperienza.

Un comportamento autonomo, che il ragazzo riesce a raggiungere è condizionato dalle problematiche familiari e in particolare da situazioni di conflitto dei genitori, perché sono poco attenti alla crescita del figlio o tendono di farselo alleato, rifiutando la sua neutralità.

Mentre, se un bambino è piccolo, sarà più dipendente dai genitori e la scelta è indotta da questi, che possono influenzarlo attraverso opinioni che il figlio, può fare sue, impedendogli di esprimere sentimenti naturali e i suoi vissuti, per il timore di far allontanare un genitore.

La scelta di stare con un genitore, può essere dovuta al tipo di rapporto instaurato con lui, positivo o di aiuto per vendicarsi del rancore subito dall'altro genitore.

I bambini piccoli, con una struttura di personalità debole, possono trovare sicurezza in comportamenti regressivi, che sono assecondati o anche sollecitati, da un genitore, mentre possono trovare difficoltà maggiori nel rapporto con un genitore, che asseconda di meno le loro tendenze regressive, proponendo rapporti che richiedono

---

[94] *Ibidem,* p. 50.

autodeterminazione e conseguentemente una certa possibilità di insuccesso.

Il bambino, quindi può scegliere il rapporto che preferisce, che lo gratifica di più o anche quello frustante e se il genitore lo sollecita, può avere a suo favore la preferenza del figlio, ma la loro collusione, può rendere complicato lo sviluppo psicologico del bambino.

La crescita di un figlio, in una situazione di conflitti familiari, i rapporti con i genitori, le sue opinioni, sono condizionati dai suoi stati d'animo, anche quando il suo sviluppo cognitivo, sarebbe tale da permettergli, una valutazione obiettiva della situazione e dei suoi stessi bisogni.

Tenendo conto della realtà, egli, infatti, ha presente la sua soggettività e i suoi rapporti relazionali, e le sue scelte corrispondono alle sue esigenze e alle possibilità concrete degli altri di soddisfare, mentre altre scelte sono tralasciate, perché meno rassicuranti.

Un bambino, può avere difficoltà di esprimersi, per vergogna o anche perché ha paura delle conseguenze, infatti, qualunque sia la sua opinione, resta sempre un messaggio trasmesso, da interpretare.

Egli può avere imbarazzo nel poter esprimersi come vuole, con tanta libertà e dialogo o ad acconsentire a domande fatte, oppure le sue difficoltà di comunicare opinioni sulla realtà dei fatti, il negare, il pensare, vissuti che gli ricordano frustrazioni e ansia; ed è per questo, che egli può mostrarsi reticente, perché l'analisi della realtà, può essere condotta con il colloquio con un estraneo, della vicenda familiare, mettendo in crisi, le sue difese.

Si comprende, l'opposizione al dialogo o l'esitazione a fare delle scelte, perché teme possa alterare equilibri personali e relazionali, raggiunti con i genitori.

Infatti, rifiutare una scelta di un genitore è consapevolezza di non scelta dei genitori, nei suoi confronti; reazioni depressive e sensazioni di abbandono, proprio in seguito a scelte espresse, e a volte percepite solo in un secondo momento, come dovute alla mancanza di scelta dei genitori, in cui gioca forse l'illusione di potere nei confronti del genitore scelto, che si rileva spesso inesistente, soprattutto se il genitore con cui vive, l'aveva spinto alla scelta solo o prevalentemente per vincere una battaglia, con il coniuge.

In molti casi, quindi il bambino, può cercare di non pronunciarsi o ad accondiscendere alle richieste di uno dei due genitori, secondo ciò che ha imparato, essere più utile per lui.

Il messaggio trasmesso, può essere ambiguo, ma contiene la richiesta più autentica del bambino, di un desiderio della fine dello stato di conflitto tra i suoi genitori, per avere spazi personali e di ascolto più adeguato, nel contesto delle sue relazioni familiari.

Altro problema è l'affidamento, infatti, durante un colloquio tra il bambino e il giudice, si cerca di chiarire la sede, dove il figlio vivrà.

Anche se non è stato influenzato dai genitori, cosa frequente, perché essi spesso insistono sull'importanza decisiva, di ciò che egli dirà, sia per togliersi la responsabilità della scelta, sia per dare al figlio un potere decisionale.

Ma questo incontro in Tribunale, può avere per il bambino, come per molti adulti, reazioni di angoscia, che lo rendono incapace di esprimersi.

Delle volte, genitori e figli, sono preparati, prima di affrontare un incontro con il Giudice, con un consulente da lui nominato, che possa fare da intermediario e interpretare la realtà.

I genitori, sono molto attenti e controllano quanto il figlio dice, in sede giudiziale, perché lo considerano decisivo, per l'affido e per la valutazione, che il giudice farà nei loro confronti.

Soprattutto, genitori che temono di perdere il figlio o il suo affetto, agiranno su di lui per assicurarsi la sua alleanza e fedeltà, con atteggiamenti seduttivi, ma anche ricattatori o con minacce di abbandono, o con la descrizione di quadri preoccupanti, qualora avesse con l'altro genitore, rapporti che essi non gradiscono.

Nel caso di una separazione di fatto, che è avvenuta da un certo periodo di tempo, un bambino può adeguarsi, al di là delle sue opinioni o preferenze, o può desiderare di restare con il genitore con cui vive, perché lo considera più disponibile o più potente, nei confronti dell'altro genitore.

"Le stesse abitudini di vita, che ormai ha preso e che specie se il rapporto con i genitori, non è sufficientemente gratificante, sono divenute per lui importante punto di riferimento e le relazioni interpersonali, che si è creato nel contesto ambientale del genitore con cui vive, gli impediranno di effettuare e di accettare facilmente, una scelta diversa, da quella, che è stata stabilita per lui in passato". [95]

Sarebbe importante, prevenire determinate realtà, al posto di risolvere situazioni con precedenti di separazione conclusi in breve tempo e che i provvedimenti nei confronti del bambino, sono presi in breve tempo.

Il giudice prende atto, con obiettività, trovandosi di fonte a una situazione che si è venuta a creare, per individuare il reale interesse di quel minore, in quella situazione, nonché la sua attendibilità e le modalità di essa.

L'intervento del giudice, con un ricorso di consulenza tecnica, che accerti l'effettiva situazione psicologica del minore e la capacità del genitore di soddisfare le sue esigenze di sostegno, e di crescita come persona autonoma, presenta alcuni limiti.

"Essa infatti, per il suo carattere occasionale ed essenzialmente diagnostico – prognostico, viene spesso percepita come ulteriore momento di giudizio all'interno del procedimento di separazione e ciò può determinare resistenze sia nel bambino, che nei genitori, rendendo difficile una valutazione dei vissuti e delle dinamiche all'interno della famiglia in crisi, ma anche della capacità e della disponibilità al cambiamento e all'adeguamento alla nuova situazione dei suoi membri" [96].

In Italia, i procedimenti di separazione giudiziale, in cui è presente lo stato di conflitto tra i coniugi e la contesa dei figli, durano in media due anni, ma spesso anche di più e i tempi si sono ulteriormente allungati, nell'ultimo decennio.

Così, mentre nel 1980 duravano più di tre anni, meno di un quinto delle separazioni giudiziali, oggi esse durano più di tre anni, nel 35% dei casi, e in alcune città, come Napoli, più dell'86%, supera la durata.

Una ricerca effettuata, presso alcuni tribunali italiani, indica che se la controversia tra i coniugi in materia di affido dei figli, non è appianata nei primi due anni, i procedimenti durano fino ai sette anni.

"In questa situazione, la possibilità del consulente, di condurre i coniugi da una posizione di attacco reciproco ad una collaborazione e

---

[95] Dell'Antonio, *Ascoltare il minore*, Ed. Giuffrè, Milano 1991, p. 12.

[96] Dell'Antonio, *Il bambino conteso* Ed. Giuffrè, Milano 1991, p. 134.

di attenzione al figlio, potrebbe forse essere maggiore se l'intervento dell'esperto non fosse episodico, ma affiancasse il lavoro del giudice durante tutto o gran parte, l'iter processuale.

Si potrebbe anche ipotizzare un intervento in più fasi, in cui il lavoro dell'uno e dell'altro, abbia una caratteristica di dialogo al fine di raggiungere un maggior coinvolgimento di ambedue i genitori, piuttosto che l'esclusione dell'uno o dell'altro, nell'allevameto del figlio".[97]

Questo presume, la necessità da parte di tutte le figure professionali coinvolte, nel procedimento giudiziario, di trovare strategie d'intervento, che evidenzino ai genitori l'importanza di gestire ancora insieme, il ruolo dei genitori.

Elemento non trascurabile, diventa la stessa formulazione di quesiti, perché il messaggio, potrebbe arrivare diversamente ai genitori, se in esso è posta la maggior validità di uno, rispetto all'altro, o non piuttosto sulla ricerca di quanto di valido vi sia in entrambi, per l'accudire il figlio.

"Più utile, quindi potrebbe essere una forma di collaborazione tra giudice e servizi socio-assistenziali, opportunamente strutturati e competenti in materia, che possono garantire, oltre alla definizione del quadro psicologico, anche il suo aggiornamento.

E si potrebbero anche effettuare, in un intervento più protratto nel tempo, di quello di Consulenza tecnica, un azione di sostegno ai componenti del nucleo in crisi, per ottenere la conflittualità che intralcia la visione obiettiva dell'interesse del bambino, e che viene spesso invece acuita durante il procedimento giudiziario, per la stessa connotazione, di questo o per il carattere che ad esso viene dato di scontro, tra parti avverse".[99]

4. *Il Genitore non affidatario*

Il rapporto con il genitore, non affidatario, è importante, per non fare sviluppare nel bambino, paura di abbandono e per ostacolare un eventuale legame distorto con il genitore con cui vive, ma può incontrare resistenze da parte di questo genitore e dallo stesso figlio.

---

[97] Gullotta, *Dal conflitto al consenso,* Ed. Giuffrè, Milano 1991, p. 30.
[99] *Ibidem,* p. 126.

In molti casi di disaccordo tra i genitori, il figlio, può preferire o accettare, il rapporto con uno solo di essi, non tanto per trovarvi sicurezza, ma per fuggire da una situazione di confusione in cui egli non riesce a tollerare l'esistenza contemporanea, di due diversi e spesso opposti, modelli relazionali e di due contrapposte verità.

Un rapporto iniziato con un genitore, che ha contribuito alla prima strutturazione della sua personalità e dell'immagine che egli ha di se stesso, non è positivo per il bambino, soprattutto se esso aveva avuto un rapporto espressivo con il genitore, che ora non vuol più vedere, ed è la sensazione di aver tradito il genitore, che spinge il figlio a rifiutare il rapporto con lui.

Queste resistenze del bambino, aggravano lo stato di conflitto tra i genitori, infatti, il genitore affidatario trova elementi per convalidare l'inadeguatezza dell'ex coniuge, confermando un atteggiamento negativo, che ha questo nei suoi confronti e della sua sostanziale mancanza di potere.

In questo caso, l'interesse del bambino non è soddisfatto con l'assecondare le sue resistenze, ma piuttosto con il mutamento degli atteggiamenti dei genitori, che determinano tali rapporti.

La relazione con i genitori, va tutelata, anche se sarebbero opportuni interventi, capaci di permettere il loro sviluppo in senso positivo e di impedire contrasti, e comportamenti conseguenti.

Garantire al genitore non affidatario, di mantenere costanti i contatti con il figlio, può in situazione di grave conflitto coniugale ancora in atto, essere motivo di nuove difficoltà emotivo per il figlio, che immerso tra ricatti e legami di strumentalizzazione, non riesce a emergere come persona autonoma e a superare i suoi timori di abbandono, e i suoi sensi di colpa.

Così sembra necessario e più semplice, garantire al bambino almeno un rapporto sereno e stabile, con il genitore affidatario, limitando gli incontri con l'altro genitore, se essi danno occasione a litigi o provocano resistenze al figlio.

"È una tesi sostenuta da Freud e Solint, nelle contese coniugali, che ritenevano possibile solo il perseguimento dell'interesse del minore, ed erano del parere che dovesse essere il genitore affidatario a decidere se e quando gli incontri del bambino, con l'altro genitore, potevano essere ottenuti".[98]

La mancanza d'incontri del bambino con il genitore, prevede lo sviluppo nel bambino di gravi sensi di perdita e una notevole difficoltà a elaborare il lutto, anche perché egli non può ricevere aiuto dal genitore affidatario, non disponibile data la situazione di conflitto, ad accettare il recupero di un'immagine positiva del genitore perduto, che tal elaborazione comporta.

Disaccordi che si aggravano, poiché il genitore escluso proverà sentimenti di rancore e cercherà con ogni mezzo di recuperare il rapporto con il figlio, considerando questi tentativi come un segno delle capacità di affermazione, mentre l'altro genitore si sentirà protettore del nucleo familiare, ricordando una realtà che non esiste più, opponendo resistenza a una realtà presente che cambia.

Tale comportamento, non garantisce, ma ostacola la crescita del figlio, rendendo vani i vantaggi per una soluzione, che non esclude lo stato di conflitto, ma lo alimenta, restando necessario l'intervento giudiziario, per superare l'ostacolo o favorirlo.

Stabilire che il coniuge, non affidatario, può vedere il figlio quando vuole, può dare a questo genitore, un senso di minor esclusione dal nucleo familiare e di perdita del figlio, garantendo un minore stato di conflitto.

Ma se questo genitore, è incapace di superare la sua crisi personale, può utilizzare tale condizione, come arma di potere nei confronti dell'ex coniuge, disturbando la sua autonomia e la sua nuova organizzazione familiare.

Il coniuge affidatario, che teme di poter perdere il figlio, vive come scontro ogni occasione d'incontro con l'ex coniuge, vedendo in questi frequenti contatti con il figlio, un'intenzionalità di provocazione, cercando di ostacolarlo, con vari pretesti.

Incontri legati alla volontà o alla disponibilità del genitore, non affidatario, possono causare difficoltà al figlio, soprattutto se sono irregolari, dandogli un senso d'insicurezza del rapporto e se è un adolescente, la sensazione di esclusione da ogni decisione.

Per garantire un clima sereno e un sano sviluppo, è importante che i coniugi abbiano un atteggiamento di rispetto reciproco e di dialogo, e

---

[98] *Ibidem*, p. 36,

siano capaci di percepire i bisogni del figlio, accettando anche la sua volontà d'incontro.

"D'altra parte, una regolamentazione, molto precisa degli incontri, può rassicurare i genitori che hanno timore di perdere potere nella situazione e di venir sopraffatto dall'ex coniuge, e in questo senso, può contribuire al dissolversi del conflitto".[99]

Se uno dei due genitori, a ogni incontro, inizia e continua le discussioni, sarà complicato uscire dalla crisi personale e con il cambiamento delle reciproche esigenze, e interessi del bambino diventa anche difficile rispettare norme d'accordo decise.

Infatti, orari e giorni di visita decisi, con l'aumentare d'impegni quotidiani, tra attività scolastiche ed extra-scolastiche, incominciano a diventare scomodi, ma i coniugi possono trovare un accordo per le loro modifiche e se esistono conflitti e timori di perdita, le clausole prese in sede di separazione, diventano immodificabili, perché garantiscono un ruolo che i genitori non vogliono perdere.

Particolarmente importante è il ritmo di frequenza degli incontri del bambino con il genitore non affidatario, ad esempio, se sono molto vicini, possono determinare nel bambino un'intolleranza al continuo alternarsi di opposti stili di vita e verità, e un'eccessiva angoscia di fronte a ripetute sollecitazioni a una scelta di genitore e di modo di percepire la realtà.

Spesso il bambino, può trovare soluzione fuggendo nell'isolamento affettivo o accettando passivamente a ogni richiesta, anche se entrambe sono negative, invece incontri rari con il genitore non affidatario, possono determinare estraneità e incomprensioni reciproche, e di ricordo sentito diverso, con il possibile risentimento verso l'ex coniuge e quindi l'emarginazione del figlio.

"È comprensibile che qualsiasi accordo preso dai genitori, in sede di separazione in base a motivazioni che tendono ad affievolirsi, con il recupero dell'autostima, venga con l'andar del tempo, progressivamente rifiutato.

Genitori che pur di avere il figlio, o di vederlo, si sono accordati su decisioni volute dal coniuge, ma sostanzialmente non accettate, tendono a infrangere, le norme concordate, mentre i genitori che le

---

[99] Freud, salint, *L'interesse migliore del bambino,* 1973, Ed. Free Press, New York, p. 39.

hanno proposte o imposte, non tollerano spesso che esse vengono messe in discussione, se ciò fa aumentare la loro autostima, basata ancora su posizioni di potere nei confronti, dell'altro e del figlio".[100]

La relazione tra il figlio e il genitore affidatario, riguarda l'interesse del bambino, al di là dagli impegni accordati o delle informazioni scambiate tra i genitori, soprattutto quando i rapporti non sono sereni.

Negli Stati Usa e in alcuni Paesi Europei, è prevista in caso di contrasti tra il figlio e i genitori, la nomina di un curatore, che rappresentano gli interessi del bambino, mentre nella legislazione italiana, questa forma di tutela per il minore, non è prevista, anche se esiste una figura di curatore, quando i genitori non possono o non vogliono compiere, uno o più atti d'interesse del figlio e una figura di tutore, quando il giudice ritiene opportuno, sospendere la patria potestà a genitori non sposati.

La Corte Costituzionale del Tribunale di Genova, ha recentemente respinto l'art. 5 della legge, promulgata nel 1970 sul divorzio, perché non prevede la nomina di un curatore speciale, per l'accertamento e la difesa degli interessi del minore, che asserisce di voler tutelare, con l'esigenza di una nuova normativa.

In passato, era stato proposto, che la tutela del minore non abbia solo una forma sostitutiva della famiglia, ma anche una forma integrativa, di sostegno, quando i genitori non siano in grado, anche per problemi personali, di comprendere e perseguire in pieno, l'interesse del minore o che sia nominato un curatore speciale nei processi di affidamento, qualora sussista conflitto tra i genitori, ma anche in altri casi, in cui la situazione, sia tale da richiederlo.

Recentemente, è stata dedicata più attenzione verso il minore, da parte del giudice, che si deve occupare del suo affidamento in sede di separazione coniugale.

"Così Dusi, nota come il primato che la legge attribuisce all'interesse dei figli, nel loro affidamento, quando i genitori si separano fa sì che il giudice, non si possa limitare a valutare le verità proposte dai genitori stessi e a giudicare in base ad esse, ma debba assumersi il compito o l'impegno, di cogliere, la realtà nella sua verità, facendola emergere dalle piaghe più nascoste e dalle motivazioni più

---

[100] *Ibidem*, p. 42.

profonde e contraddittorie; e di affrontarla incidendo autenticamente nella situazione in questione, non solo per valutarla, ma soprattutto per orientarla correttamente verso il futuro, nell'ambito di una strategia complessiva che consideri tutte le componenti valorizzate, anche attraverso esperimenti e ripensamenti".[101]

La necessità, per il giudice di partecipare in prima persona alla ricerca di un modo diverso di rapportarsi dei genitori ai figli, quando si sono alterati i rapporti familiari, che garantivano la soddisfazione dei loro bisogni, riconoscendo la possibilità di un'effettiva volontà e delle attitudini dei genitori a trovare un nuovo equilibrio, non lesivo, degli interessi vitali dei soggetti deboli.

Un giudice, che nell'occuparsi del minore, non si limita ad assumere le verità, presentate dalle parti, ma approfondisce le possibilità concrete, di soddisfare anche in prospettiva futura, l'interesse del minore, attraverso l'intervento e controlli successivi.

Negli anni ottanta, nei progetti del Diritto minorile, fu richiesta una competenza specifica del giudice, che s'interessa dei minori e di un'attenzione particolare ai minori nei giudizi, in cui essi sono coinvolti.

Si diffonde in Italia, in campo giuridico, la definizione delle norme di affidamento, nei casi di disaccordi tra i genitori, di una valutazione delle singole situazioni di vissuto e dei bisogni del bambino, e nelle concrete possibilità dei genitori di assicurargli condizioni positive, per il suo sviluppo.

La definizione della norma, però non garantisce di essere rispettata, con la conseguenza di un'esecuzione forzata del provvedimento, evidenziando i diritti del genitore, ma non l'interesse del minore, che da tale condizione, può essere traumatizzato più che dal litigio dei genitori, non tanto per l'atto in sé, ma anche per le nascite delle sue fantasie di abbandono, di aggressività e di potere dei genitori.

Quando esiste, un alto grado di conflitto tra i genitori, è necessario un intervento per il benessere del bambino, sollecitato dal giudice o attivato con la collaborazione di servizi psicosociali.

Ma soprattutto un intervento non episodico, ma che preveda la continuità nel tempo per permettere un'azione di chiarificazione e di

---

[101] *Ibidem*, pag. 41-42.

sostegno, ai membri bel nucleo disgregato, ma anche una segnalazione tempestiva, di condizioni di disagio psichico del bambino, richiedendo una modifica del suo affidamento.

5. Cambiare l'affidamento

Dopo la separazione, la situazione può evolvere in modo tale, da richiedere un cambiamento di affidamento del figlio.

Se esiste tra i genitori un rapporto di collaborazione, riuscendo a stabilire soluzioni concrete, la richiesta di modifica, presentata al giudice, è legata da una proposta di accordo raggiunto in base ad elementi di realtà.

Invece se lo stato di conflitto è costante, non riuscendo quindi a trovare una soluzione, diventa difficile modificare l'affidamento, perché il mancato superamento della crisi personale, li porta a una visione soggettiva della realtà.

I litigi per il figlio, presentati davanti al giudice, dopo un certo periodo di separazione tra i coniugi, diventano molto pesanti, infatti, a volte le interpretazioni dei fatti sono così diverse, che i genitori, inflessibili nelle loro affermazioni, richiedono di aver ragione da parte del giudice, della loro verità e non sono disposti ad altre interpretazioni a proposito.

Anche il coinvolgimento del figlio, sollecitato dai genitori, per far confermare le loro accuse, mentre appaiono meno disponibili, ad ascoltare le sue esigenze e le sue attese, se non corrispondono alle loro richieste.

Ricorsi del giudice, litigi stressanti, non fanno altro che alimentare disaccordi e odi, e a concedere poca importanza alla serenità del figlio, costretto a vivere in un ambiente dove ascolta e osserva, tali fatti, sviluppando la paura dei genitori e il mal contento di essere nato da genitori come loro.

L'accusa reciproca, d'incapacità pedagogica, di ricatto, tra i genitori, non permette al bambino un adeguato adattamento, ostacolando il suo sviluppo e incidendo negativamente sulle sue relazioni interpersonali e in particolare sul rapporto con i genitori.

Il rifiuto del figlio di comunicare, le sue manifestazioni di opposizione o di aggressività, i suoi atteggiamenti ambivalenti e contraddittori, possono dare a un genitore la conferma dell'influenza negativa dell'altro genitore e alimentare in lui, timori d'impotenza e di sconfitta, ma anche sentimenti di ostilità e di vendetta.

È molto difficile, che un genitore accetti un comportamento ostile del figlio in cui sono incluse le svalutazioni dell'altro coniuge, ma anche sentimenti ambivalenti nei suoi confronti, maturati dal bambino, attraverso il rapporto con lui.

Ma è anche complicato, che tale genitore, possa accettare la propria responsabilità negli atteggiamenti di rifiuto e di aggressività nel figlio, verso l'altro genitore, quando non è lui a incoraggiarli direttamente e quando non interviene favorendoli.

"Spiegazioni come "io non gli dico niente, ma non vuole vederlo", sono infatti poco esplicative della situazione se, non viene chiarita anche la reazione del genitore, espressa al di là delle parole in quel momento e in altri momenti, a tale posizione del figlio e quella ad altre posizioni simili o ad essa contrapposta". [102]

Spesso la realtà che spiegano i genitori non corrisponde alla verità.

Come il caso di Andrea e Simone, in cui i genitori non riportavano comportamenti dei bambini, pur decisivi, per definire i loro reali vissuti, perché non li consideravano importanti: la mancanza di amici, l'anoressia, lo scarso rendimento scolastico; mentre altri non erano stati riportati perché non li avevano compresi: il disinteresse, il distacco emotivo, o perché li avevano rimossi nel tentativo di difendersi dall'ansia, che poteva determinare in loro, dunque di sentirsi colpevoli.

Sarebbe precario quindi stabilire, sulla base di ciò che i genitori dicono, quale sia la situazione psicologica del bambino, quali sono le sue esperienze, i suoi vissuti, i cambiamenti avvenuti tra i loro rapporti e quali i provvedimenti presi.

Durante uno stato di equilibrio, istaurato in famiglia, una forma di cambiamento valutata come novità, diventa pericolo e minaccia di perdita; un esempio è non accettare la crescita del figlio, verso l'autonomia o il suo rifiuto di un legame povero, o emotivamente troppo stretto.

---

[102] Dusi, *Le procedure giudiziarie e civili a tutela dell'interesse del minore,* Ed. Giuffrè, Venezia, Dic. 1987.

Il diventare adulto, la sua ribellione, i suoi rapporti con i coetanei, i suoi interessi che si vanno modificando, ma soprattutto l'eventuale riavvicinamento dell'altro genitore, per cercare di recuperare o di riprendere là dove interrotto, un rapporto importante, una figura d'identificazione, possono non essere capiti, rifiutati e attribuiti a manovre dell'ex coniuge, e della sua famiglia d'origine.

Questi tentativi di svincolo del figlio da un genitore, possono essere incoraggiati o sollecitati dall'altro.

In altre situazioni di equilibrio, ad esempio un sostegno esterno fornito da altri, può rompersi per il venir meno dai punti di appoggio, come consensi sul lavoro o nella famiglia d'origine.

Anche in questo caso, si tratta di cambiamento e se il genitore non è preparato, egli può reagire, ricercando un appoggio, nel rapporto più intenso con il figlio, rapporto spesso rifiutato, sia dal coniuge, sia dal figlio, che non ha più bisogno di stabilire un legame d'interdipendenza.

La novità, può essere la condizione di cambiamento del presente, rispetto al passato, per una nuova prospettiva futura.

Un papà, per esempio che vorrebbe l'affidamento del figlio, perché l'ex compagna, ha iniziato a lavorare, per cui non ha tanto tempo per accudirlo, ma ancora diversa sembra la situazione di altri rapporti relazionali, mentre l'altro coniuge è ancora legato al rapporto coniugale precedente.

"Il fatto che spesso, sia un tale legame piuttosto che relazioni sentimentali episodiche o fugaci, a determinare la richiesta di modifica dell'affidamento, o della modalità d'incontro del bambino con il genitore che lo ha instaurato, evidenzia come sia determinante in tali casi l'intolleranza di un genitore all'evoluzione psicofisica dell'ex coniuge e il suo bisogno ancora operante di difendersi dalla crisi personale, non risolta rifiutando di prendere atto, dalla dissoluzione del suo legame coniugale e cercando di recuperarlo almeno attraverso la riappriopazione del figlio"[103].

La richiesta di questo genitore di avere con sé il figlio o di condizionare i suoi incontri con l'altro genitore, in modo che non

---

[103] Dell'Antonio, *Ascoltare il minore,* Ed. Giuffrè, Milano 1991, pag. 46.

venga in contatto con il suo nuovo partner, è un modo per continuare la definizione di sé del passato, cercando di non affrontare la realtà.

Il desiderio che il bambino interrompa i rapporti con l'altro genitore, non è solitamente espresso apertamente, come interesse personale, che questa richiesta verrebbe ad assumere, ma è mascherato con richiami a un costume e ad una tradizione, che vede la famiglia come istituzione garante del benessere dei figli.

Contrasti che già esistevano, possono aumentare con una relazione nuova, di un genitore, per cui il figlio cerca di capire il ruolo che questa persona può avere o anche non accettare e distaccarsi, perché è ancora presente la figura primaria e fondamentale insostituibile.

Importante in questi casi, è anche oltre la verifica del vissuto del bambino e dei suoi reali rapporti con i genitori, l'analisi del rapporto che si va mostrando tra il bambino e il nuovo genitore, per individuare la reciproca disponibilità all'incontro, ma anche le eventuali difficoltà e la possibilità che esse hanno di essere superate.

Se, infatti, il genitore, che ha iniziato la nuova relazione, trova in essa un supporto per una realizzazione di sé migliore, rispetto al passato, è importante anche per il suo futuro rapporto con il figlio, che egli possa vivere serenamente la realtà e trovare appoggio alle sue attese, e aiuto a superare difficoltà temporanee, anche attraverso il sostegno che può essere dato al figlio, per affrontare una situazione poco accettata, perché nuova o perché sostanzialmente poco compresa.

Questo intervento sul bambino, diventa tanto più necessario se il nuovo partner di un genitore, suscita in lui il timore di perdere quegli spazi psicologici, che egli utilizza per definire la propria identità: l'affidamento all'altro genitore, infatti, potrebbe allora configurarsi per lui, non tanto quanto un recupero di ruolo, ma piuttosto come una perdita di punti di riferimento ed essere vissuta con sentimenti di lutto, e di auto-svalutazione.

"Significativo, è un caso di un ragazzo di undici anni, che due anni dopo essere stato affidato al padre, in seguito alla rinuncia della madre di tenerlo con sé, per la sua eccessiva irrequietezza, ha chiesto direttamente al giudice di tornare a vivere con la madre.

Nel corso di una consulenza tecnica, si è evidenziato che il bambino sentiva di perdere progressivamente il padre, cha amava perché la convivente di questi, non accettandolo come bambino da accudire, tendeva ad indirizzare tutte le attenzioni del convivente sui figli avuti con lui.

Il bambino si sentiva sempre più messo da parte, anche dal padre e riteneva che solo stando con la madre, avrebbe potuto avere un rapporto esclusivo con lui, anche se solo in momenti determinanti". [104]

Una decisione presa, durante una separazione, può essere rivalutata dal giudice proprio per l'esclusivo interesse di quel minore e può essere contrastata, diventando necessaria una chiarificazione ai genitori della condizione psicologica del figlio, ma anche un loro sostegno, che non può diminuire con la scelta dell'affidamento a un genitore.

Per questo diventa importante una collaborazione sistematica tra giudice e consulenza alla famiglia, per intervenire in modo terapeutico, sulla problematicità del nucleo disgregato, sull'interesse del minore, ma anche nella relazione di coppia, secondo le necessità e le specifiche competenze.

In Italia, vi è una collaborazione poco diffusa, d'incontri occasionali in termini d'informazioni e consulenze tecniche, pochi sono i casi, infatti, di collaborazione con Servizi del territorio e soprattutto per interventi adeguati.

Un tipo di collaborazione tra i Tribunali italiani e i Servizi territoriali, è finalizzata solitamente alla diagnosi della situazione e dei Tribunali dei minorenni, che si avvalgono con una certa sistematicità di questi servizi.

Recentemente, sono state proposte riflessioni e ipotesi di collaborazioni sistematiche tra giudici e operatori sociali.

"In particolare, il tema è stato trattato nel Convegno sulla Protezione del minore, tra amministrazione e giurisdizione, dove Dusi, ha messo in evidenza la necessità che ruoli istituzionalmente distinti, come quello del giudice e dell'operatore sociale, si integrino tra loro, senza sovrapporsi ma riconoscendosi nelle rispettive funzioni, in modo che venga garantita una effettiva acquisizione di tutti gli elementi che caratterizzano la situazione in esame, ma anche la possibilità di verificare, e di conseguenza ridefinire se necessario, le decisioni che vengono prese nell'interesse del minore".[105]

---

[104] Dell'Antonio, *Il bambino conteso,* Ed. Giuffrè, Milano 1993, p. 148.

Nell'ambito di una separazione, un genitore può rivolgersi anche al Tribunale dei Minori, per chiedere provvedimenti di decadenza o limitazione di podestà dell'altro genitore, ma anche ai giudici delle Corti di appello e di Cassazione, per impugnare decisioni prese in sede di separazione o di cambiamento nell'affido dei figli, o nell'ambito del Tribunale dei Minori.

Naturalmente le decisioni possono essere diverse, se non in contrasto per una visione dei giudici che trattano il caso, nel valutare le argomentazioni prodotte dai genitori o nel richiedere ulteriori prove e consulenze di esperti.

"Emblematico a questo proposito, il caso di due fratelli contesi tra i genitori riportato dalla rivista Giurisprudenza Italiana del 1983, il cui procedimento era stato preso in esame da tutti i Tribunali: nel corso degli otto anni in cui era durata la vicenda giudiziaria, erano state date diverse indicazioni di affido al padre, alla madre, ai nonni, con motivazioni spesso tra loro contrastanti".[106]

È evidente, che un unico organismo giudiziario competente in materia di disgregazione familiare, sarebbe più razionale, sia per l'unione dei provvedimenti nei singoli casi, sia perché potrebbe favorire una maggiore disponibilità e preparazione del giudice, di tener conto a problematiche della ricerca dell'effettivo interesse del minore, ed a collaborare con operatori che si pongono nei confronti della famiglia in crisi, che richiedono aiuto, piuttosto che giudizio.

Quindi, in molte legislature europee, si sono orientate, con l'istituzione del giudice di famiglia, designato a trattare specificatamente i procedimenti che la riguardano.

Resta ancora limitata, una maggior disponibilità e competenza professionale dei servizi sociali pubblici, e in particolare dei Consultori Familiari, all'intervento nell'area di bisogno determinata dalle separazioni coniugali, in cui sono stati finora poco impegnati.

---

[105] Dell'Antonio, *Ascoltare il minore*, Ed. Giuffrè, Milano 1991, p. 47.

[106] Dusi, *Le procedure giudiziarie civili, a tutela dell'interesse del minore*, Ed. Giuffrè, Venezia, Dic. 1987.

Capitolo sesto

"L'INTERVENTO PSICOLOGICO"

1. *Il valore della famiglia*

Nel nuovo millennio, la famiglia e l'impegno educativo, che le è proprio si delineano come indispensabile risorsa, per fronteggiare la crisi della società e dei valori e per orientare un futuro sempre più umano.

"Come riferisce Gadamer, l'Europa religiosa e cristiana, ha davanti a sé un grande compito: restituire importanza, dignità e grandezza al nucleo fondamentale della società.

La salvezza dell'umanità dipende dalla consistenza della famiglia, dalla forza che questa ha di trasmettere, al bambino i valori, il senso di libertà, la gioiosa importanza della cultura".[107]

Le profonde trasformazioni socioculturali di questi anni, hanno influenzato la famiglia che continua a rimanere il primo ambito della formazione delle nuove generazioni, da cui danno origine i primi atteggiamenti nei confronti di se stessi, degli altri e della comunità.

La famiglia come nucleo fondamentale, come punto di riferimento, con il quale si trasmette l'educazione ai figli, vivendo con amore la quotidianità.

Essa rappresenta un elemento indispensabile, come soggettività, differenziandosi da altre, ma anche come unione comune.

Infatti, all'interno vivono i genitori e i figli, che hanno un rapporto e questo deve essere fatto di comprensione, stima, rispetto e amicizia.

L'educazione familiare, promuove che all'interno del nucleo, debba fiorire la trasmissione tra i genitori e i figli, dei valori principali, quali la felicità, l'amore, la giustizia e la solidarietà.

---

[107] Dell'Antonio, *Ascoltare il minore*, Ed. Giuffrè, Milano 1991, p. 48.

L'acquisizione di informazione dei piccoli, da parte dei genitori, che apprendono non solo dal punto di vista dialettico, ma anche dal modo di agire, che si manifesta durante il tempo trascorso insieme.

"La famiglia è quindi, sempre una unità complessa, una organizzazione di relazioni, che si struttura e si sviluppa ciclicamente, secondo una successione di fasi che rispettano l'arco della vita: esprime una complessità emozionale plurigenerazionale che si qualifica per l'intreccio di 3 livelli sismici, individuale, familiare, culturale, e si snoda nelle due dimensioni temporali della sincronia e della diacronia".[108]

Questa unione, non vista solo nei suoi aspetti economici, giuridici, abitativi o sull'educazione, ma sull'amore e sulla gratificazione dei coniugi, e sulla stabilità del rapporto, come valori.

"Erotizzazione del costume, la ricerca della felicità e dell'autorealizzazione personale come valore primario, a cui subordinare quello della famiglia, un complesso di reciproche aspettative forse troppo alte, l'indipendenza economica di entrambi i coniugi, la felicità di sciogliere il matrimonio, tutto questo rende più fragile la base valoriale, ideologica, culturale su cui si reggono il matrimonio e la famiglia".[109]

L'attenzione educativa in famiglia deve coinvolgere la coppia di genitori, che elabora progetti di vita con valori interiori e di sviluppo, piuttosto che su quelli esteriori, ad esempio il cibo, che contribuiscono all'equilibrio interno e dell'ambiente, mentre i primi sono l'amore, la comprensione, la stima che sono valori dinamici e produttori di altri nuovi valori.

"La proposta valoriale che si offre in famiglia esige che i genitori siano capaci di elaborare per loro stessi una chiara e convincente costellazione di valori e di testimoniarla nell'agire quotidiano.

I valori, infatti, si respirano in famiglia e alimentano le personalità in divenire dei figli, quando sono autorevolmente esemplificati dai comportamenti giovanili che devono evitare sia il giovanilismo che vuole eliminare le distanze, sia il paternalismo, che è all'origine di atteggiamenti autoritari ed espressivi di scarsa flessibilità".[110]

---

[108] Galli, *Educazione familiare e società complessa*, La scuola, Brescia 1990, p. 7.

[109] DE Natale, *Genitori e insegnanti, vivere i valori* , Ed. La scuola, Brescia 1999, pag. 42.

Il processo di assimilazione, avviene attraverso i genitori con il loro modo di fare, il loro stile, evidenziando affettività e impegno personale.

"Negli ultimi decenni l'affettività e l'intimità si sono via via affievolite tra i coniugi, tra costoro e i figli: sono state ipervalutate la vita di gruppo e di comunità a scapito di quegli aspetti caldi d'umanità che avvicinano gli animi e li fondono in una realtà di amore.......

La scarsa intimità in famiglia ha portato molti figli a diventare giovani senza l'aiuto degli adulti, con la perdita di beni educativi che avevano il diritto di ricevere". [111]

Istituire un rapporto d'intimità, con chi mi sta di fronte, significa dividere con lui gioia e sofferenze, attese e problemi, mettersi in completa disposizione.

"Entro in comunicazione con l'altro così da comunicare a situarmi nel suo orizzonte esistenziale, segno con trepida attenzione il suo evolversi, comprendo le sue aspettative e i suoi progetti, mentre ne colgo la ricchezza". [112]

Sono da coltivare i valori spirituali della famiglia, attraverso la difesa dell'intimità e la riflessione pedagogica, che rafforza il valore esistenziale del legame matrimoniale e familiare, in una società che troppo spesso giustifica e propone forme di convivenza intersoggettiva ispirate da scelte occasionali e temporanee.

Gli psicologi hanno sensibilizzato gli educatori su alcuni stati affettivi, che riguardano le dinamiche familiari e che non possono essere trascurati dalla riflessione pedagogica.

Tra i più importanti, vi è il bisogno di sicurezza, che lega la coppia nel cammino di crescita e di felicità, come speranza per il futuro e del legame genitori – figli, in cui prevale la spontaneità dei comportamenti.

Il bisogno di amicizia, che è un sentimento di felicità, dedizione, comprensione, fiducia, origina scambi di affetti reciproci, ma soprattutto nella coppia, diventa fondamento di un amore durevole.

---

[110] *Ibidem*, p. 43.
[111] *Ibidem*, p. 44.
[112] Galli, *Educazione familiare e società complessa*, La scuola, Brescia 1990, p. 8.

Nella riflessione pedagogica ritroviamo, una filosofia familiare, con un altro valore fondamentale, la felicità, che favorisce il consolidarsi del matrimonio ed è il motivo dell'amore coniugale.

La felicità per la coppia coniugale, è una continua conquista, una meta da scegliere continuamente e da raggiungere in due, in piena libertà e nella reciproca comprensione, accettazione della complessità e problematicità della natura umana.

Questo valore, al di là dei motivi di natura trascendente che la religione attribuisce, la fedeltà è un valore in sé, per mezzo del quale l'unione si rinnova, si nutre di fiducia, accresce la comunione degli spiriti.

Altro valore è la fecondità, come aspetto naturale e biologico, ma anche alla trasmissione d'amore, di cura, di premura, dedizione nei confronti di un figlio, che con il passare del tempo svilupperà la sua crescita, grazie alla relazione con i genitori.

Tra i valori fondamentali di una filosofia della famiglia, ricordiamo il valore dell'educazione, per la centralità che esso occupa nella relazione tra i coniugi e nella relazione genitori – figli.

Negli ultimi anni si sta diffondendo un tipo di famiglia, definita simmetrica, con la divisione dei ruoli e la condivisione dei compiti, della donna lavoratrice e dell'uomo che si dedica ad accudire i figli.

In questa famiglia, diviene pertanto centrale il rapporto di coppia, sempre più esigente di attese reciproche e di progetti comuni, agendo insieme, per instaurare un sano rapporto con il figlio.

"Così la promozione di una autentica e matura comunione di persone nella famiglia diventa prima e insostituibile scuola di socialità, esempio e stimolo per i più ampi rapporti comunitari all'insegna del rispetto, della giustizia, del dialogo, e dell'amore". [113]

Il compito di ogni famiglia, è di contribuire allo sviluppo della personalità dei suoi membri, nel rispetto della dignità e autenticità di ognuno, e nel creare un clima felice e sereno attraverso delle relazioni soddisfacenti, ma soprattutto educare i figli alla felicità di vivere, di fare, di stare uniti e di essere al mondo per un atto di amore, e non per caso.

---

[113] *Ibidem*, p. 9.

La speranza sembra il migliore alimento della felicità e la consapevolezza del proprio essere al mondo, quale che sia l'entità individuale, sembra la forza più significativa, per interventi educativi finalizzati alla conquista della felicità.

Infine, quindi, riuscire a capire l'importanza dell'impegno personale da compiere durante l'arco della vita, attraverso valori spirituali intriseci e nell'imparare a gustare la vita, a comprenderla e gioire di essa.

2. *Il dialogo nella famiglia*

"La famiglia resta per eccellenza il luogo in cui si apprende l'amore,in cui si coglie il mistero della persona, si contempla la sua dignità, si rimane stupiti di fronte alla sua ricchezza affettiva e spirituale.

Sin dall'inizio della vita coniugale, la qualità fondante che si richiede, a garanzia della efficacia della scelta familiare e della dimensione educativa, è la capacità di dialogare, di entrare in comunicazione, di intendersi, per sintonizzarsi sulle scelte da compiere, sulle modalità con cui affrontare le difficoltà della vita quotidiana, con cui progettare e costruire responsabilmente il futuro".[114]

Nella famiglia, l'uomo cresce come persona unica e irripetibile, offrendo un contributo di verità, di giustizia, solidarietà e libertà.

Ogni famiglia quindi dovrebbe impegnarsi per realizzare il progetto d'amore, di valori per migliorare una società prigioniera del benessere e del materialismo.

La comunicazione, sembra necessaria per istaurare rapporti reciproci, di una buona intesa coniugale, nella solidarietà per rafforzare l'identità e l'autonomia di coppia, e per condividere beni, rispetto per sé e per l'altro, progetti di vita, stabilità interiore di fronte a frustrazioni e privazioni, per lo sviluppo e crescita della coppia.

La riflessione pedagogica, ha evidenziato l'educazione alla reciprocità, come una virtù che si conquista nel tempo, favorita nell'età adolescenziale, sia in famiglia, sia nella partecipazione a gruppi formativi, dove si scopre l'uguaglianza e la differenza.

---

[114] DE Natale, *Genitori e insegnanti, vivere i valori,* La scuola, Brescia 1999, p. 53.
[117] *Ibidem,* p. 56.

È necessario, uno scambio continuo di opinioni e pensieri, per aiutare i rapporti e la solidarietà vera in tutti i momenti della quotidianità.

Nella reciprocità, si concretizzano l'aiuto reciproco, della lealtà e della trasparenza interiore, riconoscendo nel dialogo il mezzo primario per intendersi e per costruire un futuro di gioia che arricchisca se stessi o gli altri componenti della famiglia, in valori significativi.

"Attraverso il comunicare si può cogliere il modo sempre più definito il senso della propria identità e si può apprendere a vivere criticamente la realtà; il dialogo è, in questo senso, un esercizio di libertà, una dimensione che può connotare in chiave educativa la vita di giovani e di adulti, di genitori e figli".[117]

Altro valore fondamentale, sembra essere la trasmissione di valori, delle norme, dei ruoli, della relazione tra i genitori e figli.

Attraverso il comunicare, si può cogliere la propria identità, criticando la realtà, con libertà in una dimensione di chiave educativa per la vita dei giovani e degli adulti.

Nella vita familiare, formati i rapporti e relazioni, il dialogo rappresenta un'atmosfera favorevole per l'attivazione dei processi educativi, della trasmissione di valori che i genitori vogliono proporre ai figli.

La teoria pedagogica, ha sempre ignorato il campo dello stile e del tono, mentre si tratta di una parte importante dell'azione collettiva.

Lo stile, è qualcosa di delicato, che può facilmente rovinarsi e bisogna averne cura, coltivarlo, come quando si coltivano i vivai.

Esso si forma lentamente, con l'accumularsi di tradizioni, cioè di posizioni e abitudini acquisite, favorendo l'attività educativa, determinando l'atmosfera che dispone gli animi, per lo sviluppo del percorso formativo, ad apprendere il rispetto e la stima reciproci, per ascoltarsi e motivarsi insieme.

Lo stile in una famiglia, aiuta tutti i componenti a rinnovare l'unione e il senso tipico della stessa.

Una recente ricerca, ha rilevato tre stili diversi della famiglia:

a) quello *Maternalista,* in cui è svolto un ruolo centrale dalla madre, di vigilanza e disciplina, poco attenta ai fattori extra-domestici, e centrata sull'amore del nucleo familiare;

b) quello *Statutario*, che predilige i principi e i valori della condotta;

c) quello *Contrattualista*, che presta attenzione alla relazione, alla comunicazione, allo scambio di ruoli paterno e materno, con un continuo riferimento alle realtà educative esterne.

La pedagogia familiare, da tempo ha segnalato lo stile educativo *Autorevole*, come il più idoneo per l'intervento educativo, nei confronti dei figli, perché implica disciplina, obbedienza, impegno, dimensioni non imposte, ma proposte con gradualità, impegnando la comprensione e il dialogo.

La coltivazione del dialogo, in famiglia diventa una forma di apprendimento che impegna in una ricerca di auto-riflessione e ricerca di sé, criticando il significato dell'esistenza personale.

Il dialogo, nel rapporto genitori-figli, diviene uno strumento in trasformazione, con il quale i genitori, ascoltando i figli, possono meglio capire i bisogni educativi e questi imparando dai genitori, si esercitano a reagire i propri impulsi e ai pregiudizi.

"Quando nelle famiglie interagiscono le tre dinamiche degli affetti, del dialogo e della comprensione, si pongono per i figli le premesse della costruzione di un senso personale, e la famiglia stessa si organizza secondo un modello progettuale.

In particolare, in famiglia, sul piano psicologico la dimensione affettiva infonde sentimenti di accettazione e di sicurezza, sul piano relazionale la capacità di dialogo consente di sperimentare l'esperienza del confronto e della reciprocità, la disponibilità a comprendere documenta la capacità di uscire dal mio io per accettare l'io dell'altro".[115]

Perché i valori siano impegnati con efficacia e compresi dai figli, occorre che nella famiglia viva l'amore, con un clima di dialogo e scambio continuo.

L'amore non è solo di uno stato d'animo o di una esperienza affettiva, ma lega gli uomini alla vita, arricchendo la persona ed è uno strumento vitale che consente la fortificazione delle relazioni, verso la realtà e la disponibilità verso gli altri.

---

[115] *Ibidem*, p. 58.

L'amore, infatti, determina un clima vivo e creativo, nel quale si modifica il dialogo, suscitando nuovi impegni e nuove prospettive di collaborazione.

Tra gli impegni progettuali della famiglia, in chiave educativa, vi è la proiezione verso l'esterno, tra cui la scuola.

Infatti, oggi la famiglia, deve vivere la sua funzione genitoriale, non solo nei riguardi dei figli e degli altri membri della famiglia, ma anche in senso etico e simbolico, nei riguardi delle altre istituzioni sociali, che vanno non solo utilizzate e sfruttate, ma anche stimolate, sostenute e nutrite, secondo una nuova prospettiva di cittadinanza educativa.

3. *Chiedere l'intervento*

Quando i genitori arrivano alla separazione, consegue la problematicità di una crescita e uno sviluppo sereno nel figlio, e una richiesta d'intervento per attenuare la crisi familiare, è ancora raro.

I genitori, la maggior parte delle volte, si rivolgono all'intervento giudiziario, pensando di poter risolvere i loro disagi, mentre l'aiuto psicologico potrebbe toccare l'azione pedagogica, riflettendo intensamente sulla possibilità di sbagliare un comportamento e l'educazione nei riguardi del figlio. Un atteggiamento del bambino, che può manifestare un probabile disturbo psicologico, necessita un particolare intervento che nei pochi casi in cui, si chiede aiuto, non tanto per gestire il rapporto con il figlio, ma per confermare l'origine del disturbo e per limitare gli incontri con l'altro genitore.

I genitori tendono a evidenziare l'opposizione, l'ostilità o l'aggressione del bambino, nei loro rapporti o anche con gli altri, attribuendo la colpa all'incapacità di un genitore di gestire, l'educazione.

Ma non solo rilevati invece altri tipi di comportamento, trascurati o ritenuti non importanti, l'isolamento del bambino, la difficoltà di interagire con lui, il distacco emotivo e altri elementi tipici dello stato depressivo.

È valutata la normalità del bambino, da parte dell'adulto, in base all'età, al sesso, alla cultura familiare e ai sistemi istituzionali di cui fa parte.

Mentre poca attenzione è rivolta al figlio, alle sue esigenze vitali o alle sue attese, perché di solito è il bambino che deve adeguarsi all'ambiente, alla situazione, non considerando l'adattamento reciproco dei rapporti, degli spazi psicologici e delle esigenze esistenziali dei suoi bisogni.

Capita che gli adulti si rivolgano alla consulenza psicologica, in ritardo, quando lo stato depressivo è avanzato o il rapporto tra loro è rovinato ed è diventato difficile.

Quando atteggiamenti considerati normali, sono invece depressivi, confusi con accondiscendenza o docilità, sono evidenziati dal bambino, nell'ambiente, con lo scarso rendimento e le difficoltà relazionali.

L'intervento psicologico, agisce sul cambiamento di rapporto tra un genitore e il bambino, ed è per questo che il genitore resiste, perché non accetta un probabile fallimento del suo modo di fare.

Oltre ai litigi tra i coniugi, che possono determinare una separazione, vi è uno stato di rottura coniugale, ma non pensano di interferire nello sviluppo psicologico del figlio, neanche quando discutono davanti ad esso.

Valutare l'origine del problema e il tipo di disturbo del bambino, non è sufficiente, perché bisogna capire qual è il posto del figlio all'interno del nucleo familiare e le attese richieste nei suoi confronti.

Vedere in modo diverso la famiglia, con i suoi cambiamenti, con la perdita di punti di riferimento, per non sentire il compromesso il loro modo di essere e la loro identità.

Cercare di non far interferire il figlio, tra i litigi dei genitori o resistere nella connessione con i suoi disturbi, viene a creare un segno d'incapacità di ruolo. Evidentemente, non sanno che discutere di continuo, con la presenza del figlio, gli provoca danno, ma forse lo individuano con meccanismi di proiezione e di identificazione.

È difficile che essi riescono a rendersi conto, delle conseguenze negative, che hanno sullo stato psicologico del bambino, attraverso comportamenti che mettono in atto, per salvaguardare la loro persona e per farsi scegliere dal figlio.

Ricattare un bambino o mettere in cattiva luce un genitore, per agire in una crisi, non è valutata allo stesso modo da un bambino.

Una consultazione psicologica, in un conflitto coniugale, viene richiesta per difficoltà personali o relazionali, perché essa non possa aggravarsi.

In questi casi, la proposta di connessione tra disturbo del bambino e situazione coniugale, è rifiutata, per interpretazione distorta dei fatti, mentre in una separazione i genitori, hanno più difficoltà a capire ed inoltre i comportamenti psicologici del figlio, sono evidenti.

Il periodo successivo alla separazione può essere riflessivo per una ricostruzione del rapporto con il figlio, soprattutto quando i genitori sono aiutati.

Ma quando i conflitti continuano e tra loro pervade la competizione, resta l'attribuzione delle colpe e la strumentalizzazione del figlio.

L'accumularsi di disagi e problemi, serve solo ad avere un'arma per agire negativamente, verso il genitore, al posto di trovare un compromesso per il benessere del bambino.

L'intervento psicologico, può essere voluto da entrambi i genitori, per avere dei chiarimenti, per istaurare un rapporto di collaborazione o per modificare atteggiamenti reciproci, verso il bambino e tra di loro.

La consulenza psicologica, può essere accettata da un genitore e rifiutata dall'altro, perché ritenuta inutile o perché ciò cha fa di negativo l'altro genitore, conferma il proprio valore, quindi un futuro cambiamento della relazione, diventa difficile.

Soprattutto, se è in atto una causa giudiziaria, tutti i comportamenti sbagliati, diventano prove per accusare l'altro e avere tutto per sé il figlio.

Tutto questo ostacola, un miglioramento o un cambiamento dello stato psicologico del figlio, rendendo i genitori poco disponibili e modifica l'atteggiamento nei suoi confronti.

L'intervento psicologico come perizia, è una possibilità di rivolgere l'attenzione dei genitori, sui reali interessi del figlio e sulle problematiche, ma poco utile nel migliorare la disponibilità dei genitori a comprendere le cause e il significato del disagio dei figli, e a mettere in atto comportamenti più adeguati per superarlo.

Al consulente, è chiesto di individuare con chi starà meglio il bambino e quale la frequenza di visita con l'altro genitore, è per lui più conveniente.

Questa sua analisi serve al giudice, per orientarlo sullo stato psicologico del bambino, sui suoi rapporti con i genitori e del motivo per cui lo vorrebbero in modo esclusivo.

Essa può essere anche utile, per prevedere determinati comportamenti dei membri del nucleo familiare in crisi.

"Nell'ambito di una consulenza peritale, potrebbe essere indicato, su richiesta del giudice o per deduzione su ciò che è stato rilavato, quale atteggiamento dei genitori sarebbe più utile al bambino: tuttavia se questo viene solo enunciato, non poi molte possibilità di essere attuato se gli attuali atteggiamenti dei genitori, sono solo funzionali alle loro esigenze.

Le modalità di un rapporto scaturiscono infatti da motivazioni e posizioni psicologiche, che non possono essere assunte come prescrizioni, perché richiedono una elaborazione personale e una disponibilità al ridimensionamento di prescrizioni, aspettative ed anche punti di riferimento".[116]

Durante una perizia, i genitori possono essere sollecitati a comprendere meglio il disagio del bambino, a capire le sue manifestazioni di disadattamento e a trovare un giusto compromesso e una buona relazione reciproca.

Possono anche cercare, un aiuto esterno, per superare la loro crisi o per dare di nuovo al bambino un appoggio, su cui crescere.

"L'incidenza negativa di una posizione di schieramento frontale dei coniugi implicita, nel procedimento giudiziario, è d'altra parte ben nota tra coloro che operano nella prospettiva di aiutare i coniugi, a superare il loro momento di crisi ed a perseguire il reale interesse dei figli: la FAMILY MEDIATION ASSOCIATION americana, per esempio, che si prefigge di assistere le coppie a negoziare i termini della separazione e dell'affidamento dei figli, pone come condizione ai suoi clienti, che essi durante la consultazione, non prendano contatti con avvocati, per l'inizio del procedimento giudiziario".[117]

Per evitare disagi al minore, sarebbe meglio sollecitare, da parte del giudice ai genitori e cercare di risolvere in sede extragiudiziale le loro discussioni sull'affido del figlio, attraverso un lavoro di mediazione

[116] *Ibidem*, p. 69.

[117] Gullotta, *Dal conflitto al consenso*, Ed. Giuffrè, Milano 1990, p. 32.

condotta da esperti nel settore e finalizzata a mutare il contesto da competitivo a collaborativi.

Infatti negli Stati Uniti e negli altri Paesi europei, la mediazione può essere disposta, con un provvedimento del giudice e in Francia, su richiesta dei genitori, il giudice nomina un mediatore.

La mediazione permette di diminuire la conflittualità, sospendendo le procedure giudiziarie, fino alla valutazione del giudice.

Molti risultati positivi, con un alta percentuale, del caso di mediazione, hanno ottenuto cambiamenti dallo stato di conflitto a quello di collaborazione.

"La richiesta di aiuto, è a volte importante per cercare di superare alcuni problemi ed è abbastanza comune in Paesi, dove il divorzio è realtà socialmente più accettata e dove esiste una offerta di terapia del divorzio,"[118] per facilitare la soluzione di contrasti tra coniugi, che si stanno separando, anche aiutandoli nelle difficoltà che essi incontrano nel ruolo genitoriale.

In Italia, è molto scarsa, come la disponibilità di aiuto in strutture pubbliche o private, ma bisognerebbe intervenire per la necessità di aiutare le famiglie che si trovano in questo stato di crisi.

4. Esaminare la situazione

Quando si ritiene indispensabile l'intervento psicologico, per rilevare e analizzare il caso preso in considerazione, si procede attraverso l'analisi dei vissuti e delle dinamiche relazionali di tutti i componenti, del nucleo in crisi.

Tale esame, permette di individuare i motivi del disagio del bambino, le sue difficoltà ad interagire e comunicare con i genitori, al di là delle diverse e contrapposte interpretazioni dei genitori.

Capire la situazione psichica del bambino, i suoi stati di depressione, dovuti alla difficoltà di disadattamento o anche il suo grado di socializzazione, rivivere le esperienze del suo passato, servono per comprendere l'essere di quel bambino.

Nei suoi comportamenti, potremmo rilevare ad esempio, il suo senso di timidezza o essere emotivo, che gli creano disagi nelle

---

[118] *Ibidem*, p. 45

relazioni e trovare un confronto con altri fratelli, che non hanno avuto nessun tipo di rottura o che sono estroversi.

È possibile rilevare un bambino passivo o non partecipe, calmo, che permette al genitore qualsiasi impostazione del rapporto interpersonale o perché alcuni atteggiamenti, come le fobie, sono considerati comuni nell'infanzia.

Per risolvere un disturbo psichico, riscontrato nel bambino, bisogna dargli un significato a tale sintomo, nel rapporto che il figlio ha instaurato con i genitori, cercando di scoprire se tale relazione era uguale, prima della separazione o si è evidenziata dopo di essa.

Ed è molto probabile che vivendo la divisione dei genitori, il figlio possa aver subito un trauma che si ripercuote con vari tipi di comportamento, ma soprattutto attraverso la relazione cha ha con loro.

Egli può anche adattarsi e istaurare un atteggiamento che è più consono per le sue esigenze, come allearsi verso un genitore che gli dà più sicurezza e appoggio o può trovare un punto di riferimento importante nell'ambiente esterno, che possono avergli dato molto di più, rispetto ai genitori.

Oppure può rifiutare un genitore, perché pretende da lui un comportamento più maturo, di quello che in realtà riesce ad avere, ma può rifiutare anche un genitore che fino a quel momento, si è sempre comportato bene, per il senso di delusione che il figlio può avere, preferendo quindi un genitore che gli propone un rapporto più infantile.

Può anche rifiutare i ruoli che i genitori, gli hanno attribuito come genitore-partner o vedere un genitore-rivale, perché il bambino in una situazione di disgregazione, resta comunque se stesso e non aderisce a richieste del genere.

È abbastanza comprensibile, che al fine di una sopravvivenza psicologica, possa adattarsi a tali condizioni, ma può essere difficile il suo adeguamento nelle relazioni interpersonali, al di fuori della famiglia e quindi interferire negativamente nel processo di socializzazione, togliendogli la possibilità di trovare anche fuori punti di appoggio.

Valutando, un adeguato intervento psicologico, si può anche modificare l'affidamento, per verificare nel cambiamento, la possibilità di migliorare un rapporto.

Va verificata anche l'aderenza di comprendere la realtà, magari cambiando atteggiamento, per il vero significato delle relazioni con i coniugi e con il figlio.

Possiamo trovarci, in una situazione in cui un genitore può rifiutare un figlio o perché vedendolo ripropone il ricordo del fallimento coniugale, o perché preferisce allontanarsi per non vivere di continuo la separazione da lui.

La disponibilità dei genitori al cambiamento è molto importante, anche in previsione delle loro capacità di interagire, di fronte alle resistenze del figlio.

Non è scontato, infatti, che il bambino abbia difficoltà, ad uscire da una situazione con sentimenti di abbandono, rispetto ad un altro che, in seguito ad alleanze, crede di aver raggiunto un preciso significato nel nucleo familiare, come il bambino-partner o nel contesto dei fratelli, come il bambino-genitore.

Il processo di cambiamento, può essere sicuramente più difficile, per un bambino piccolo, che attraverso il suo istinto si muove verso la preferenza di un rapporto, che per un bambino più grande, che inizia ad acquisire la sua autonomia, svincolandosi dalla conflittualità dei genitori.

Mentre può esserci resistenza, in un bambino che si è alleato con un genitore e che si sente vittima dell'altro, ma anche ricavando il proprio spazio o la mancanza di tale spazio, o di potere di uno dei due genitori nella vita dell'altro.

I due genitori, possono interpretare la separazione in modo diverso e quindi possono affrontarla, e interagire con una diversa disponibilità, sia tra di loro, sia verso il figlio.

L'individuazione del genitore più capace di comprendere e assecondare le esigenze del figlio, soprattutto se comporta l'opportunità di cambiamento di un affidamento già in atto o delle sue modalità, può determinare nel bambino e nel genitore che ha bisogno di lui, una situazione di crisi che può ulteriormente disturbare il suo processo di recupero psicologico e riflettersi negativamente anche sul genitore, che sta superando le sue problematiche della separazione.

Il lavoro terapeutico, necessita un intervento a tutti i membri del nucleo disgregato, per far accettare a tutti il cambiamento e le difficoltà che comporta.

Nell'analizzare la situazione, in cui si trova il bambino, per dedurne elementi prognostici e per pianificare strategie d'intervento, non vanno trascurati i rapporti, che il bambino ha stabilito fuori dal nucleo familiare, perché a volte sono più costruttivi dei rapporti creati con i genitori o altri familiari.

Molti bambini che hanno difficoltà emotive o comportamenti di ansia nei confronti dei genitori, trovandosi in reciproco conflitto, riescono invece ad agire più adeguatamente nell'ambito scolastico, con amici, con parenti, che non sono coinvolti nella crisi dei genitori.

Anche un nuovo partner, di un genitore, può essere o diventare un punto di riferimento, perché riesce forse a essere più disponibile, rispetto ad un genitore che si pone molti problemi ed è condizionato da essi, nei suoi rapporti con il figlio.

Un intervento tempestivo, è importante, per cercare di istaurare questi rapporti e incoraggiarli, perché sono indispensabili per un bambino, mentre un ritardo determina il deterioramento delle relazioni con i genitori e l'incapacità di valutare nel modo giusto la realtà, rendendosi poco disponibile nei suoi confronti.

5. L'intervento

"L'intervento per risolvere il disagio psichico del bambino, si configura come un aiuto, perché egli possa recuperare lo spazio psicologico che gli è necessario e che gli è venuto a mancare, o che non ha mai avuto, soprattutto se egli manifesta sintomatologie psichiche o psicosomatiche eclatanti".[119]

Significa garantirgli la soddisfazione del suo bisogno di trovare nell'adulto un punto di riferimento, ma anche la propria autonomia, permettendogli di essere attivo nella situazione che si è creata, esprimendo personalmente, apertamente, senza timori di non essere accettato e protetto.

---

[119] Il termine terapia del divorzio, indica interventi psicoterapeutici di vario tipo, che sono messi in atto, sia quando non è possibile la ricomposizione del conflitto, tra i coniugi conviventi, sia quando dopo la separazione, i coniugi non riescono a giungere a un divorzio psichico.

Il rapporto con uno psicoterapeuta, che lo incoraggia a parlare dei suoi vissuti, della realtà, dei sentimenti negativi, di colpa e di paura di essere abbandonato, può essere d'aiuto al bambino.

Egli può quindi riuscire a vedere la realtà, senza distorsioni, come spesso succede quando ci si trova tra i litigi dei genitori e lo può portare a elaborare, e utilizzare altri mezzi più funzionali, adattandosi a essa.

La capacità di gestirsi, può farlo svincolare dalla dipendenza dei genitori e a stabilire altri contatti interpersonali, da cui ricevere appoggio e quello stimolo alla crescita, che non riesce ad avere nell'ambito familiare. Questo tipo di trattamento terapeutico, può essere utilizzato, da bambini che hanno una certa autonomia e individualità, che trovandosi di fronte ad una doppia verità, reagiscono con insofferenza e fuga, e con il bisogno di verificare personalmente la situazione in cui si trovano.

Più difficile è invece per un bambino che dipende ancora dai genitori, perché possono condizionarlo a comportarsi come essi vogliono e se non ubbidisce, ha paura di essere abbandonato.

Questi timori, può superarli con la visione vera della realtà, ma può riprovarli se i genitori ascoltano la situazione.

Conoscere la realtà dei fatti, può provocare disagio nel bambino e a sentire migliore la realtà precedente, ma anche il ritorno al passato, può fargli ricordare alcune esperienze o un genitore che non gli è mai stato vicino.

Un trattamento del disagio psichico, di un bambino piccolo, ha bisogno della collaborazione dei genitori, infatti, in alcune ricerche, si è evidenziato che i bambini superano la difficoltà della separazione dei genitori, quando hanno una personalità strutturata, non prima dei dieci anni, mentre avevano più efficacia trattamenti ai genitori, per renderli coscienti delle problematiche che la loro separazione suscitava nel bambino e formando loro una guida pedagogica in merito.

Con genitori che strumentalizzano il figlio, nei loro problemi, questo lavoro di consulenza e guida, risulta difficile per la tendenza di entrambi di interpretare la realtà a proprio vantaggio.

La paura anche di affrontare determinati argomenti, per non accettare di aver sbagliato, di non aver voluto, per non far vincere l'altro genitore, ma soprattutto la preferenza che un figlio ha per un genitore.

La consapevolezza di un bambino che ha affrontato la realtà, porta a pensare a un futuro abbandono, perché magari un genitore si è allontanato già.

Questa insicurezza del bambino e il suo bisogno di essere tranquillizzato dai genitori, e verificare la reale disponibilità nei suoi confronti, anche per certi comportamenti provocatori, per poterli affrontare e discutere, con una certa obiettività.

Coinvolgere il genitore, per risolvere il disagio psichico del figlio, richiede la valorizzazione di ciò che può dare al bambino, per garantirgli appoggio e tutto l'amore che lui richiede.

Essere un buon genitore, sentirsi tale, diminuisce il timore di perdere il figlio o di difendere i propri diritti, o il valore della propria persona.

Questo può essere gratificante, sia con il padre, sia con la madre, con la successiva intensità di tale relazione.

Il sostegno del genitore, serve per far acquisire al bambino più fiducia in sè, e per solidificare i loro rapporti.

La psicoterapia, aiuta il genitore a capire i sintomi, che egli non riesce a vedere o che gli sembrano inutili, come la passività, la mancanza di reazioni emotive, che sono un segno di profondo disadattamento e può quindi intervenire.

"Vanno chiariti ai genitori, anche gli aspetti di certi atteggiamenti che essi assumono nei confronti del bambino, come l'assecondare le sue tendenze regressive, il porlo in ruolo di partner, il conferirgli potere sui fratelli, che lo pongono in una posizione falsa e gli impediscono di sperimentare e trovare modi di approccio alla realtà, utilizzabile anche al di fuori della sua particolare situazione familiare, creando le premesse per un disadattamento futuro". [120]

Perché sono proprio i genitori che scaturiscono e creano nel figlio, fantasie che gli impediscono di superare la separazione, come la riconciliazione dei genitori, anche se si sono separati da anni, agiscono e reagiscono al comportamento dell'altro come se ci fosse ancora

---

[120] Dell'Antonio, *Il bambino conteso* Ed. Giuffrè, Milano 1993, p. 169.

un'unione, che richiede un modo comune di intendere le cose e che condiziona le loro esperienze.

Il genitore può accettare l'aiuto che permette la crescita del bambino, quando vi è già in lui la disponibilità al cambiamento, nel porsi con se stesso e con gli altri, ma può porre resistenza a un intervento, se il suo stato psicologico è rigido, temendo che mutandolo, possa perdere qualcosa di sé.

Per cui un sostegno, analizzando la realtà, può essere sentito come una minaccia e rifiutato.

L'intervento può essere rifiutato, anche quando si dovrebbe attivare un cambiamento di rapporto con l'altro genitore, in quanto le accuse negative e la disconferma di esso, sono indispensabili per avere stima di sé.

La necessità di un intervento su entrambi i genitori, non è sempre possibile, per mancanza di disponibilità anche se il risultato può essere più soddisfacente, ma a volte anche con un solo genitore, può iniziare un lavoro terapeutico, disposto ad affrontare la realtà delle cose e mutare il proprio modo di vederla, e interagire con essa.

Questo genitore va inoltre sostenuto, perché può essere ostacolato o influenzato dall'altro genitore, che non ha voluto collaborare e a sua volta anche condizionare il figlio.

Possono nascere disaccordi e sentimenti negativi, tra i genitori, che ricorrono di nuovo dal giudice, per ridefinire le modalità di affidamento e non riuscendo a trovare una conclusione, si ritrovano in momenti difficili.

Il trattamento con un solo genitore, deve quindi prevedere la necessità di aiutare a comprendere sia il comportamento del bambino, sia a trovare forme di soluzione con l'altro genitore, per non aumentare i contrasti e per non ostacolare il processo di crescita del figlio.

Ulteriori problemi, nascono quando un genitore istaura un nuovo legame sentimentale, soprattutto quando l'altro coniuge, non accetta la rottura del matrimonio ed inizia ad avere atteggiamenti ostili, e vendicativi.

Ma anche il coniuge che ha creato un nuovo rapporto, può sentirsi in colpa e temere abbandoni dagli altri componenti della famiglia, può perdere fiducia in sé o negli altri, rendendolo fragile di fronte alle reazioni del coniuge e del figlio.

Accettare una nuova situazione, non è una cosa semplice, soprattutto quando si provano ancora sentimenti.

Lo stesso nuovo partner, può trovarsi a disagio, perché tali reazioni si ripercuotono anche sul suo rapporto e sui suoi rapporti familiari precedenti, con la crescita di disagi anche per i suoi figli.

Queste situazioni, dovrebbero finire presto, per non rovinare la nuova relazione.

Esperienze di questo tipo, non sono molte in Italia, dove il divorzio e il secondo matrimonio sono consuetudini recenti.

Ma neanche in altri Paesi, con una tradizione di divorzio più lunga, vi è una gran conoscenza d'informazioni letteraria, anche se sembra opportuno intervenire diversamente in un nuovo matrimonio, con caratteristiche diverse e l'eventuale disponibilità delle persone coinvolte.

Infine, emerge il rapporto tra intervento giuridico e psicologico, nel proseguimento dell'interesse dei bambini contesi.

È un problema che esiste in Italia in questo momento, per il diverso modo di porsi di fronte alla separazione dei coniugi e alle sue conseguenze sui minori, che spesso hanno giudici e psicologi, ma anche per un diverso modo di intendere le proprie competenze e le priorità di queste quando i due interventi si sovrappongono.

Comincia pertanto a essere accettato, per lo scambio di conoscenze sia teoriche, sia pratiche, sulle finalità e le metodologie delle discipline che sottendono ai due tipi d'intervento, perché possa esservi una piena collaborazione quando si manifestano nel bambino, segni d'incapacità di adattamento alla situazione in cui egli è posto dal conflitto dei genitori.

6. *La mediazione familiare*

Le difficoltà di un bambino, che si trova in una situazione di separazione dei genitori, possono essere tante, per la perdita di punti di riferimento e di modelli relazionali stabili, che garantiscono non solo appoggio, ma anche il formarsi della sua identità.

Il bambino però, è anche capace di ritrovare un equilibrio interiore e stabilire contatti adeguati per la sua crescita, se capisce di poterle affrontare e controllare, trovando la possibilità quindi di soddisfare le sue esigenze.

"Così è fondamentale che il bambino, viva la separazione dei genitori, come un evento in cui può avere una parte attiva, di cui conosce i motivi e le conseguenze, già nel momento in cui avviene, senza dover ricorrere a fantasie angoscianti (di colpa per la separazione dei genitori o di abbandoni da parte di questi) o ad illusioni che spostano solo nel tempo, la presa di coscienza di una realtà frustante, come l'illusione della riconciliazione dei genitori o la fantasia di un rapporto di partner con un genitore"[121].

In base al comportamento dei genitori, attraverso spiegazioni, attenzioni e un diverso atteggiamento che il figlio, riesce ad affrontare la divisione dei suoi genitori.

Un intervento di prevenzione, sarebbe opportuno per spiegare le conseguenze della separazione, sia ai giudici, sia al bambino, con spiegazioni obiettive della situazione e i motivi che l'hanno determinata, e soprattutto aiutarli ad accettare e a elaborare la loro stessa esperienza di perdita, senza coinvolgere il figlio, senza che ciò comporti la diminuzione delle attenzioni nei suoi confronti.

Questo tipo d'intervento, è effettuato quando la separazione è stata decisa e discussa.

Infatti, in tale periodo, i legami sono tesi, i rapporti sono ambigui, si respira aria d'incertezza e instabilità, ed è un passaggio sicuramente di sofferenza, per poi arrivare alla tranquillità emotiva, per aver cercato di affrontare la situazione e per gestire il mutamento dei rapporti.

Il periodo della separazione, è quello in cui l'intervento è importante per cercare di appianare il disagio, per modificare le relazioni, per aiutare a far vedere al genitore, lo stato psicologico del figlio e cosa significano per lui, trovare una persona d'appoggio e rassicurare un genitore.

"Negli ultimi anni, in alcuni Paesi, dove la separazione, non è più considerata come un fallimento personale e relazionale, è nata la "*MEDIAZIONE FAMILIARE*", in cui un esperto, ponendosi in posizione di neutralità e rifiutando la decisionalità, aiuta i coniugi che si separano a superare difficoltà e tensioni, ed a cercare insieme

---

[121] *Ibidem*, p. 173.

soluzioni adeguate, accettate da entrambi, a problemi concreti, che si formano dopo la separazione".[122]

L'intervento della mediazione, si propone di individuare, la difficoltà di giungere al divorzio, a livello psicologico, ma anche problemi inerenti lo stato di conflitto, che possono ricadere sui rapporti ed è per questo che l'aiuto individua anche gli accordi economici, per non far ripercuotere tali contrasti sulle relazioni interpersonali.

Attraverso vari tipi d'intervento, la mediazione con diverse strategie, interviene lì, dove necessita una valutazione per superare dei percorsi negativi.

"Gullotta e Santi, evidenziano che specie per quanto riguarda le decisioni che devono essere prese per i figli ed in particolare sul loro rapporto con il genitore non affidatario, si possono avere posizioni diverse.

Vi sono mediatori che non interferiscono nelle decisioni proposte dai coniugi, se esse sono prese di comune accordo, la loro finalità è solamente quella di favorire il raggiungimento di quest'ultimo, mentre altri ritengono di dover entrare nel merito delle eventualità prese in considerazione, se pur solo per chiarire le loro possibili ricadute sui figli e per indurre di conseguenza indirettamente scelte che risultino per essi vantaggiose o comunque appropriate".[123]

Posizioni diverse, quella da un lato, di chi ritiene la mediazione e la terapia completamente contrapposte, in quanto vengono separate le problematiche inerenti le relazioni personali e relazionali, e dall'altro di intervenire per chiarire attraverso la strategia della terapia familiare, in cui occorre definire, aspettative e atteggiamenti reciproci, e una migliore comprensione degli eventi e della comunicazione reciproca fra i coniugi.

Altra differenza della mediazione, sembra essere, il coinvolgimento dei figli, quindi c'è chi ritiene, che la separazione dei genitori, abbia

---

[122] *Ibidem,* p. 178.

[123] La mediazione familiare, nata negli anni settanta, negli Stati Uniti, per risolvere i conflitti dei coniugi che si separano, si è diffusa rapidamente, anche per la positività dei risultati ottenuti, in Canada e in vari Paesi Europei (Francia, Germania, Inghilterra). Mentre in Italia, è rara e sono solo tre le strutture che se ne occupano: a Milano il Centro Gea, (Genitori ancora); Roma, il Centro di mediazione del Dipartimento di Psicologia dello Sviluppo dell'Università La Sapienza e il Centro mediazione dell'Età evolutiva, p. 45.

provocato già danno al figlio, per cui non è molto coinvolto, altri pensano invece che sia necessario ascoltare il figlio, parlargli anche perché è stato già escluso dalla decisione dei genitori di separarsi sentendosi ulteriormente marginalizzato.

In sedute comuni, può diventare più semplice, per gli stessi genitori, prendere coscienza dei vissuti reali e dei bisogni dei figli, e comprendere le strategie più adatte per migliorare la loro condizione psicologica.

Non accade spesso che i genitori si rivolgono all'aiuto della mediazione, per cercare di risolvere quel che è rimasto al di là dei sentimenti negativi, per instaurare un rapporto sia, perché hanno un figlio in comune da accudire, sia per non peggiorare la situazione.

La maggior parte delle volte, sono dei problemi connessi alla comunicazione, genitori che non si parlano o che si offendono reciprocamente, non fanno altro che danneggiare la salute psichica del loro bambino.

"Kressel, riscontra in una ricerca su coniugi separati un numero pressochè uguale di coppie che hanno richiesto un aiuto di mediazione psicologica, del proprio conflitto prima di giungere alla definizione della separazione in sede legale e di coppie che non sono ricorse, a tale mediazione.

Tra le prime vi sarebbero soprattutto coppie appartenenti a ceti sociali più elevati e c'è forse da chiedersi se ciò avvenga per una loro maggiore sensibilità ai problemi psicologici che la separazione comporta per tutti o per una maggiore disponibilità economica".[124]

Il ricorso alla mediazione, è preso in considerazione dai genitori con un buon rapporto, prima della separazione, mentre tra coloro che non hanno una relazione, né comportamentale, né comunicativa, non è valutata positivamente, ed è il caso in cui avviene di più il coinvolgimento del figlio tra i problemi degli adulti.
Ed è naturale quindi, l'insorgenza di un disturbo del bambino precoce, anche per la mancanza di disponibilità dei genitori al cambiamento.

"Da un'altra ricerca di Kressel, peraltro anche un tipo di conflittualità tra coniugi abbastanza comune, che porta alla contesa del figlio, ma che presenta concrete possibilità di prevenzione: quella che

---

[124] Gullotta - Santi, *Dal conflitto al consenso,* Ed. Giuffrè, Milano 1990, p. 45.

si sviluppa tra coniugi che giungono alla separazione, con un grado diverso di accettazione di essa".[125]

Spesso capita che è un genitore a chiedere la separazione, mentre l'altro non vuole accettarla e fa di tutto per continuare a stare con il suo compagno.

Così aumentano, le discussioni, le ripicche, che portano al deterioramento della loro relazione e al coinvolgimento del figlio.

Se il genitore che ha chiesto la separazione, avesse trovato il partner accondiscendente o che non aumenti le discussioni, si sarebbe trovato con facilità nello scioglimento del legame, ma con sentimenti di colpa, per essere egli stesso la causa.

Certamente, quando tra due persone, esiste un vincolo matrimoniale, caratterizzato da norme giuridiche e religiose, è difficile accettare con facilità lo scioglimento.

Tale stato di cose, può essere evitato o comunque ridotto con un adeguato sostegno al coniuge, meno pronto alla separazione, nel momento in cui essa avviene.

Un sostegno, che non sia un rinforzo alle sue posizioni, come spesso è fatto da amici e parenti al coniuge, che è lasciato, ma un aiuto a vedere in termini di realtà la situazione e a elaborare in modo positivo l'esperienza di perdita, con la ricerca di elementi personali, la sua autostima e le sue potenzialità di affrontare, al posto di negare la realtà.

Il momento della separazione rappresenta un periodo doloroso per tutti i membri della famiglia, e soprattutto per i figli.

In tale situazione, si predilige, l'opportunità di una rete di servizi socio-assistenziali, che possono intervenire per superare difficoltà psicologiche, ma anche prevenire rapporti negativi.

La sensibilizzazione alla rete pubblica, è importante, per conoscere le informazioni a tutto il territorio italiano, per migliorare i disagi che queste persone devono affrontare, ma soprattutto per il benessere infantile. Tra i cambiamenti generazionali, nella valutazione sociale della separazione e delle conseguenze sui figli, i giovani e in particolare le ragazze, sarebbero meno coinvolti degli anziani, della necessità di salvaguardare a tutti i costi, l'unità familiare, tesi sostenuta

---

[125] Kressel e Deutsch, *Terapia di divorzio*, Ed. Angeli, Milano 1978, p. 413.

anche da studiosi di area non cattolica, e meno propensi a considerare sempre drammatiche, e negative le sue conseguenze sui figli.

Evidenziando una maggiore validità educativa della famiglia unita, anche se dei figli di separati, si occupano la famiglia d'origine, rimasta ancora unita.

La svalutazione sociale, nei riguardi della separazione, porta a chi si trova in tale situazione, in uno stato di segretezza, verso chi lo circonda, per la paura di pregiudizi negativi, che possono fare ad esempio i documenti, nei confronti dei figli, sia sul piano comportamentale, sia sulle potenzialità cognitive.

Ancora, vi è tendenza ad attribuire la colpa alla donna, per il fallimento familiare, ma anche ad affidarle maggiore impegno per l'educazione dei figli.

Nell'ambiente in cui i separati vivono, vi è tendenza al giudizio, che ad aiutare la madre, se ha bisogno, anche perché le vengono solitamente affidati i figli.

Infine, in base alle frequenti esperienze di famiglie divise, i Consultori Familiari, possono diffondere una conoscenza più obiettiva della separazione, delle dinamiche che la caratterizzano e delle problematiche, e dei bisogni di sostegno che suscita, in modo da sviluppare anche nell'opinione pubblica, atteggiamenti più realistici e più costruttivi verso componenti delle famiglie divise.

BIBLIOGRAFIA

Abignente, *Le radici e le ali, risorse compiti e insidie della famiglia*, Ed.Liguori, Napoli 2002.

Acquaviva, *La famiglia nella società contemporanea*, Ed. Laterza, 1991.

Ackermann, *Psicodinamica della vita familiare*, Ed. Boringhieri, Torino 1968.

Baruffi, *Il desiderio di maternità*, Ed. Boringhieri, Torino 1979.

Bowen, *Dalla famiglia all'individuo*, Ed. Astocabio, Roma 1979.

Cives, *La sfida difficile*, Ed. Piccin, Padova 1990.

Clarizia, *La relazione*, Ed. Anicia, Roma 2000.

De Natale, *Genitori e insegnanti, vivere i valori*, Ed. La scuola, Brescia 1999.

Dell'Aglio, *Le sfide rivolte agli adulti nell'anno del bambino*, Ed. Tutto Scuola.

Dell'Antonio, *Ascoltare il minore*, Ed. Giuffrè, Milano 1991.

Dell'Antonio, *L'affidamento dei minori nella separazione giudiziale,* Ed. Giuffrè, Milano 1992.

Dell'Antonio, *Il bambino conteso,* Ed. Giuffrè, Milano 1993. dEll'antonio, *Il bambino nella separazione dei genitori*, Quaderno n. 4, *Pianeta e infanzia, Quaderni e documenti,* Istituto degli Innocenti, Firenze 1998.

Dolto, *Quando i genitori si separano*, Ed. Mondadori, Milano 1991. Draughon, *Modelli di identificazione in relazioni tra genitori e figli.*

Dreyfus, *Consulenze del divorzio al padre, marito e terapia familiare,* Ed.Marit, 1979.

Dusi, *Le procedure giudiziarie civili a tutela dell'interesse del minore*, Ed. Giuffrè, Venezia 1987.

Figes, *Il posto della donna nella società degli uomini*, Ed. Feltrinelli, Milano 1970.

Freud, salint, *L'interesse migliore del bambino*, Ed. Free Press, New York 1973.

Giddens, *Sociologia*, Ed. Il mulino, Bologna 1994.

Goffman, *Espressione e identità,* Ed. Mondadori, Milano 1979. Gullotta, *Dal conflitto al consenso*, Ed. Giuffrè, Milano 1988. Iadarola M., *Educazione civica,* Ed. Lattes, Torino 1989.

Kressel, *Una tipologia del divorzio di coppia, indicazioni per la mediazione e il processo del divorzio,* Ed. Angeli Milano 1980.

Kressel E Deutsch, *Terapia di divorzio,* Ed. Angeli, Milano 1980.

Laing, *L'io e gli altri - un approfondimento sul concetto d'identità,* Ed. Sansone, Bologna 1977.
Laing, *La politica della famiglia,* Ed. Einaudi, Torino 1973.
Maleer, *La nascita psicologica del bambino,* Ed. Boringhieri, Roma 1978.
Rapporti psicologici, Ed. Repost 1975.
Russel, *Matrimonio e morale*, Ed. Longanesi, Milano 1961. saraceno, Naldini, *Sociologia della famiglia,* Ed. Il mulino, Bologna 2001. scandulla, *La separazione personale dei coniugi*, Ed. Giuffrè, Milano 2008.
Valentino, *Un'altra società*, *Testo di cultura sociale e di educazione civica moderna*, Ed. Ferraro, Napoli.
Vitale, Principe, *Ho visto il lupo*, Ed. Junior, Salerno 2001.
walsh, *Stili di funzionamento familiare*, Ed. Angeli, Milano 1982.
watzlawick, *Pragmatica della comunicazione umana*, Ed. Astrolabio, Roma 1971.

INDICE

www.ingramcontent.com/pod-product-compliance
Lightning Source LLC
Chambersburg PA
CBHW031847090426
42741CB00005B/381